IBRASA
LIVROS QUE
CONSTROEM

Dados de Catalogação na Publicação (CIP) Internacional
(Câmara Brasileira do Livro, SP, Brasil)

Regardie, Israel.
R258p O poder da magia : introdução às técnicas cabalísticas, mágicas e meditativas / Israel Regardie ; tradução de Aydano Arruda. -- São Paulo : IBRASA, 1988.
(Coleção gnose ; 24)

1. Cabala 2. Magia 3. Meditação I. Título. II. Série.

CDD-133.43
-133.4
88-0986 -135.4

Índices para catálago sistemático:

1. Cabala : Ocultismo 135.4
2. Magia : Técnicas : Ocultismo 133.43
3. Meditação : Ocultismo 133.4
4. Técnicas meditativas : Ocultismo 133.4

O Poder da Magia

Coleção "GNOSE" – 24

Volumes publicados:

1.	*As Grandes Religiões*	Félicien Challaye
2.	*As Sociedades Secretas*	Herman e Georg Schreiber
3.	*Fenômenos Ocultos*	Zsolt Aradi
4.	*O Poder da Meditação Transcendental*	Anthony Norvell
5.	*O Poder das Forças Ocultas*	Anthony Norvell
6.	*A Bíblia Estava Certa*	H. J. Schonfeld
7.	*O Ensino dos Mahatmas (Teosofia)*	Alberto Lyra
8.	*Mistérios Cósmicos do Universo*	Adrian Clark
9.	*A Evolução Divina: da Esfinge ao Cristo*	Édouard Schuré
10.	*Raízes do Oculto*	Henry S. Olcott
11.	*O Budismo do Buda*	Alexandra David-Neel
12.	*Diálogos de Confúcio*	
13.	*A Sugestão Mental*	J. Ochorowicz
14.	*A Magia e o Diabo no Século X*	Alberto Lyra
15.	*Catecismo Budista*	Henry S. Olcott
16.	*Além da Razão*	Jean Lerède
17.	*Os Grandes Iniciados*	Édouard Schuré
18.	*A Arca da Aliança*	Michel Coquet
19.	*Os Caminhos do Graal*	Patrick Rivière
20.	*Os Mistérios da Rosa-Cruz*	Christopher McIntosh

ISRAEL REGARDIE

O PODER DA MAGIA

Introdução às Técnicas Cabalísticas, Mágicas e Meditativas

3ª EDIÇÃO

Tradução de
AYDANO ARRUDA

IBRASA
INSTITUIÇÃO BRASILEIRA DE DIFUSÃO CULTURAL LTDA.
SÃO PAULO

Título do original inglês:

FOUNDATIONS OF PRACTICAL MAGIC
An Introduction to Qabalistic,
Magical and Meditative Techniques

Publicado em 2021

IBRASA
INSTITUIÇÃO BRASILEIRA DE DIFUSÃO CULTURAL LTDA.
Rua. Treze de Maio, 446 - Bela Vista - 01327-000 - São Paulo - SP

IMPRESSO NO BRASIL – PRINTED IN BRAZIL

SUMÁRIO

1. ARTE E SIGNIFICAÇÃO DA MAGIA

1. MAGIA NO ORIENTE E NO OCIDENTE

Quando eu tinha uns dezessete anos de idade, um amigo emprestou-me um exemplar de *Lamaism*, do Major L. A. Waddel. Naquele tempo, o livro impressionou-me tremendamente, sem dúvida por causa de seu maciço tamanho. Em todos os sentidos era um tomo pesado e tomos sugeriam então profundidade e peso de erudição e introvisão. Naquele tempo, naturalmente, eu nada sabia sobre Magia e, afora algumas tinturas teosóficas, quase nada sobre Budismo. Por isso, a maior parte da significação e da vasta erudição do livro deve ter-me passado completamente despercebida, embora ele seja um armazém de conhecimentos.

Depois, de repente, reapareceu em meu horizonte, também graças ao favor de um amigo. À luz do pouco conhecimento e experiência que eu adquirira no transcurso de vários anos, seu conteúdo excitou-me enormemente – e foi com o máximo interesse que eu o reconsiderei. Para mim, uma das coisas que se destacaram mais enfaticamente desta vez foi a extraordinária semelhança – e mesmo a fundamental unidade – das concepções mágicas mais elevadas e mais básicas, tanto do Oriente quanto do Ocidente. Não é minha intenção discutir agora se isso é devido, como afirmam muitos expoentes da sabedoria oriental, à importação direta da filosofia e prática oculta do

Oriente pela civilização ocidental. Não obstante, é minha crença ponderada que nos países ocidentais houve definitivamente uma tradição secreta em nível prático – tradição que durante séculos transmitiu oralmente o melhor desse conhecimento mágico. De fato, tão ciosamente guardada em todos os tempos, foi essa tradição que mal chegou a ser suspeitada pela maioria das pessoas. Muito poucos foram os indivíduos afortunados que em qualquer época se viram arrastados, como que por correntes invisíveis de afinidade espiritual, até os portais ocultos de seus templos.

Ocasionalmente, pequena porção dessa tradição rigorosamente oculta infiltrou-se em livros. Alguns deles são aqueles escritos por Jâmblico e os neoplatônicos mais tardios, e também por estudiosos como Cornelius Agrippa, Pietro d'Abano e Eliphas Lévi. Seus elementos mais toscos encontraram expressão nas famosas Clavículas, nos Grimórios e nas Goétias. Contudo, em sua maior parte, a verdadeira seqüência de ensinamento e as vastas implicações de seu conhecimento prático foram, como se disse acima, mantidas em estrita privacidade. A razão deste segredo talvez tenha sido a impressão de que, em qualquer época, em qualquer país e entre qualquer povo, só existe pequeno número de pessoas com probabilidade de apreciar ou compreender os aspectos mais profundos ou sublimes da Teurgia, a magia superior. Isso exige simpatia, muita introvisão a capacidade de trabalho árduo que, é desnecessário dizer, poucas pessoas possuem. Conseqüentemente, há pouco sentido em difundir dispersivamente essas pérolas de brilhante conhecimento, que só podem ser mal compreendidas.

Sem dúvida, esta conclusão é corroborada por *Lamaism* de Waddel. De fato, muito do chamado conhecimento mágico esotérico está nele contido – mas é apresentado inteiramente sem compreensão. Conseqüentemente, sua declaração sobre aquele aspecto particular do Lamaísmo é viciada e tornada praticamente inútil. E embora eu possa concordar com Waddel em que algumas das práticas lamaísticas pouco têm a ver com Budismo histórico, suas zombarias a respeito de um Budismo esotérico do lado mágico das coisas são simplesmente risíveis, pois seu próprio livro é uma clara demonstração precisamente daquele fato que ele absolutamente não percebeu.

Seu livro, é óbvio, destinava-se principalmente a ser um relato objetivo sobre o Budismo indígena do Tibete, como é praticado por seus monges e eremitas. Infelizmente, os preconceitos e equívocos do autor são mal escondidos. De modo que, embora tenha recolhido algumas das migalhas caídas casualmente da mesa esotérica dos lamas, e as tenha registrado provavelmente como as encontrou, ele não tinha o necessário treinamento, conhecimento ou introvisão do assunto, que sem dúvida possuíam alguns dos lamas iniciados superiores com os quais conversou. O resultado é que foi incapaz de fazer alguma coisa com aquela informação. De fato, *seu* relato sobre as práticas dos lamas parece simplesmente tolo ou absurdo. Psicologicamente, consegue tornar ridículo, não os lamas, mas apenas ele próprio.

Certos aspectos da Teurgia ou Magia ocidendal foram agora expostos comparativamente com clareza. Alguns comentaristas e críticos manifestaram a opinião que meu trabalho anterior, *The Tree of Life,* foi uma declaração elementar de seus maiores princípios tradicionais, mais clara do que já fora feita até então. E o livro de Dion Fortune, *The Mystical Qabalah,* verdadeira obra-prima, é também uma apresentação incomparavelmente boa da filosofia mística que sustenta a prática da Magia. Sugiro, por isso, que empregando os teoremas formulados naqueles dois livros e aplicando-os ao material de *Lamaism*, de Waddel, podemos chegar à compreensão de alguns pontos da Magia Tibetana, que sem isso permaneceriam obscuros.

Interesses Primários da Magia

Talvez convenha, de início, confessar que boa parte da rotina mágica refere-se a um plano psíquico, a certos níveis do inconsciente coletivo, embora de maneira nenhuma isso a condene totalmente, como se sentem inclinadas a fazer certas escolas místicas. Outros ramos dizem respeito a realizações fenomenais, como fazer chover, obter boas colheitas, espantar demônios e feitos semelhantes, com os quais a lenda tanto oriental quanto ocidental nos familiarizou – feitos, ademais, cuja rejeição exige muita explicação dos racionalistas e mecanicistas. Por fim, existe uma parte infelizmente grande que beira a feitiçaria pura e simples. Por esta última nunca me interessei.

Mas sustento, como definição primária, que Magia, tanto da variedade oriental quanto da ocidental, é essencialmente um processo divino – Teurgia, um modo de cultura ou desenvolvimento espiritual. Do ponto de vista psicológico, talvez possa ser interpretada como uma série de técnicas, tendo como finalidade a retirada de energia de objetos objetivos e subjetivos, para que, na renovação da consciência pela libido reemergente, possa ser encontrada a jóia de uma vida transformada, com novas possibilidades criativas e com espontaneidade. Compreende ela vários métodos técnicos, alguns de natureza simples, outros altamente complexos e de realização muito difícil, para purificar a personalidade e, naquele organismo limpo, livre de tensão patogênica, invocar o eu superior.

Tendo isto em mente, muitos dos itens da Magia aparentemente desconexos, algumas de suas invocações e práticas de visualização, adquirem nova e acrescida significação. São passos psicológicos importantes por meio dos quais reparar, melhorar ou elevar a consciência, de modo que oportunamente ela possa mostrar-se um veículo digno da luz divina. Uma ou duas sentenças escritas há muitos anos por William Quan Judge, em seu panfleto *An Epitome of Theosophy*, expressam com tanta exatidão a impressão a ser transmitida que merecem ser citadas: "O verdadeiro objetivo a ter em mente é abrir ou tornar porosa a natureza inferior, para que a natureza espiritual possa brilhar através dela e tornar-se o guia e governante. É "cultivada" somente no sentido de ter um veículo preparado para seu uso, dentro do qual possa descer."

Esta concepção é igualmente o ponto de vista de nosso sistema mágico. As formas técnicas de Magia descritas em *The Golden Dawn,* como Pentagrama e outros rituais, representações astrais de formas divinas, evocações (embora não necessariamente para manifestação física) de espíritos elementares e planetários, perscrutação do espírito-visão e invocação do Santo Anjo da Guarda, são todas executadas tendo sempre presente aquele único objetivo. Teurgia e os expoentes dos misticismos orientais estão assim em completa concordância com os princípios teóricos fundamentais.

Concepções Errôneas Objetivas

Para ilustrar o que agora entendo por equívoco completo que pode ser praticado em um relato puramente objetivo de práticas mágicas, será interessante considerar apenas algumas declarações feitas por Waddel. Antes de tudo, permitam-me citar a página 152 (2ª edição) de seu trabalho: "O mais puro lama Ge-lug-para, após acordar cada manhã, antes de aventurar-se a sair de seu quarto, fortalece-se contra ataque dos demônios, assumindo antes de tudo o disfarce espiritual de seu temível tutelar... Assim, quando o lama sai de seu quarto... apresenta espiritualmente a aparência do demônio-rei, e os demônios malignos menores, iludidos na crença de que o lama é de fato seu próprio e vingativo rei, fogem de sua presença, deixando assim o lama ileso."

Seguramente, essa é uma interpretação pueril. Embora o próprio fato da adoção de formas espirituais de divindades tutelares seja perfeitamente correto, os fundamentos lógicos por ele oferecidos são infantis e estúpidos. No que tange à Teurgia ocidental, séculos de esforço mostraram que um dos mais potentes adjuntos da experiência espiritual, como ajudar a assimilação do eu inferior na psique total, é a adoção astral da forma mágica de uma força divina ou uma divindade. Por meio da exaltação da mente e da alma à sua presença, ao mesmo tempo em que é dada expressão a uma invocação, admite-se que pode haver uma descida da luz ao coração do devoto, acompanhada *pari passu* por uma ascensão da mente em direção ao inefável esplendor do espírito.

Formas Divinas

No que se refere à razão e explicação deste processo, pode-se muito bem declarar conscisamente que, de acordo com a hipótese mágica, todo o cosmo é impregnado e vitalizado por uma vida onipresente, que é por si só tanto imanente quanto transcendente. No alvorecer da manifestação do universo, saído da triplamente desconhecida escuridão, surgem as Vidas – grandes deuses e forças espirituais, *Cosmocratores,* que se tornam os arquitetos e construtores inteligentes das partes manifestas do universo. De sua própria essência espiritual individual, são geradas outras hierarquias menores, que por sua vez emanam ou fazem evoluir de si próprias ainda outros grupos. Estes são os que representam nas profundidades ocultas da psique aquelas idéias primordiais, que Jung chama de imagens arquetípicas, sempre presentes no inconsciente coletivo da raça.

Assim é que, através da união da consciência humana com a essência dos deuses em uma escala ascendente, a alma do homem pode aproximar-se gradualmente da raiz e fonte final de seu ser. No esquema budista, isto constitui "a essência da mente que é intrinsecamente pura", o *Darmakaya,* corpo divino incondicionado da verdade. A intenção de assustar demônios malignos não tem lugar no âmbito desta técnica. É difícil presumir se esta última hipótese origina-se ou não do Major Waddel, embora a tese seja comum a todos os povos primitivos. Provavelmente foi formulada por um lama com disposição mais leviana, a fim de pôr termo a questões importantes, embora, ao mesmo tempo, seja verdade que, em momentos de perigo psíquico, a adoção de uma forma divina é de enorme ajuda. Não porque o elemento ameaçador ou demônio, por exemplo, seja enganado ou assustado pela forma. Mas porque o operador, abrindo-se a uma fase do espírito divino ao adotar sua forma simbólica, traz para si ou é dotado da autoridade e domínio daquele deus.

No que se refere à forma ocidental de magia, foi no Egito que essas forças cósmicas receberam cuidadosa atenção e suas qualidades e atributos foram observados e registrados. Surgiram assim as pictografias convencionalizadas de seus deuses, que têm significação profunda, embora sejam simples na comovedora eloqüência de sua descrição. As formas divinas egípcias é que são usadas na magia ocidental, não aquelas do Tibete e da Índia. Em *The Mahatma Letters* pode ser encontrado um parágrafo muito profundo, no qual K.H. escreveu a A.P. Sinnett: "Como seria possível você fazer-se compreender – dominar de fato aquelas forças semi-inteligentes, cujos meios de comunicação conosco não são palavras faladas, mas sons e cores, em correlações entre as vibrações das duas coisas. Isso porque som, luz e cor são os principais fatores na formação desses graus de inteligência..."

Embora não seja prudente entrar mais profundamente nessa questão, as observações de K.H. aplicam-se igualmente a outras forças e poderes, além dos elementos. A forma astral de cor e luz assumida na imaginação cria um molde ou um foco de tipo especial, no qual, por modos técnicos de vibração e invocação, a força ou poder espiritual desejado se encarna. Revestindo sua própria forma astral com a figura ideal do deus, agora visualizada pela descida da força invocada, sustenta-se que o homem pode ser adotado ou exaltado no próprio seio da divindade e assim retornar gradualmente, com a aquisição de sua própria humanidade, àquela Raiz indescritível e misteriosa de onde veio originariamente.

Som em Conjurações Mágicas

Outro exemplo da falta de humor e introvisão de Waddel ocorre na página 322. Descrevendo o treinamento do noviço, é dito ali que o lama adota uma "voz profunda e rouca, adquirida por meio de treinamento, a fim de transmitir a idéia de que ela emana de maturidade e sabedoria". Não sei se algum de meus leitores presenciou qualquer espécie de cerimônia mágica ou ouviu uma invocação recitada por um praticante habilitado – embora possa dizer que poucos o fizeram. Sempre é adotado o tom que produz o máximo de vibração. Para muitos estudantes, uma entoação profunda ou zumbido é a que vibra mais. Por isso, esse é o tom ideal para despertar do interior as sutis forças mágicas necessárias. Tem sido observado também que as melhores invocações são sempre sonoras e intensamente vibrantes. A idéia de que a voz deve sugerir maturidade e sabedoria é pura tolice. Este é outro exemplo do desprezo ocidental e não uma tentativa simpática de tentar realmente compreender um sistema estrangeiro. Os espécimes tibetanos de ritual dados por Waddel contêm um divertido número de *Oms, Hums, Has* e *Phats,* mas as conjurações ocidentais contêm igualmente nomes bárbaros de evocação igualmente divertidos – *Yah, Agla,* etc.

Dessa questão de sons em conjurações mágicas eu tratei um tanto extensamente em outro lugar. Basta observar aqui que, em *The Secret Doctrine,* Madame Blavatsky sugere que o uso vibratório de conjurações e som geralmente têm profunda significação. "Som e ritmo", observa ela, "estão estreitamente relacionados com os quatro elementos... Uma ou outra vibração no ar certamente provoca poderes correspondentes, com os quais uma união produz bons ou maus resultados, conforme o caso." Toda a questão de som e o emprego dos chamados nomes bárbaros de evocação precisam ser perfeitamente estudados, antes que se atreva a sugerir uma explicação acusando magos ou lamas de terem simplesmente *pose* de sabedoria.

A Cruz Cabalística

Observa-se com viva atenção que os tibetanos têm uma forma daquilo que aqui no Ocidente é chamado Cruz Cabalística. Na página 423 do livro de Waddel há a seguinte descrição:

Antes de começar qualquer exercício devoto, os lamas superiores executam uma manobra que tem estreita semelhança com o "sinal da cruz", como é praticado pelos cristãos. O lama toca delicadamente a testa com o dedo ou com a sineta, proferindo o místico Om, depois toca o alto do peito, dizendo Ah, em seguida o epigastro (boca do estômago), dizendo Hum. Alguns lamas acrescentam Sva-ha, enquanto outros completam a cruz, tocando o ombro esquerdo e dizendo Dam e depois Yam. Afirma-se que o objetivo dessas manipulações é concentrar as partes do Sattva, isto é, corpo, fala e mente, sobre a imagem ou divindade com quem vai comunicar-se.

Antes de comentar o que está dito acima, torna-se imperativo indicar certas teorias fundamentais encontradas em alguns livros da Qabalah. Se o leitor está familiarizado com a esplêndida *Introduction to the Study of the Kaballah,* do Dr. Wm. W. Westcott, ou com o livro *The Mystical Qabalah,* de Dion Fortune, terá visto ali um diagrama atribuindo as dez *Sephiroth* à figura de um homem. Acima da cabeça, formando uma coroa, está *Keser,* que representa o espírito divino, e aos pés está *Malkus*. Aos ombros direito e esquerdo são atribuídos *Gevurah* e *Gedulah,* Marte e Júpiter, Poder e Majestade. Na pneumatologia cabalística, *Keser* está em correspondência com a Mônada, a dinâmica e essencial individualidade de um

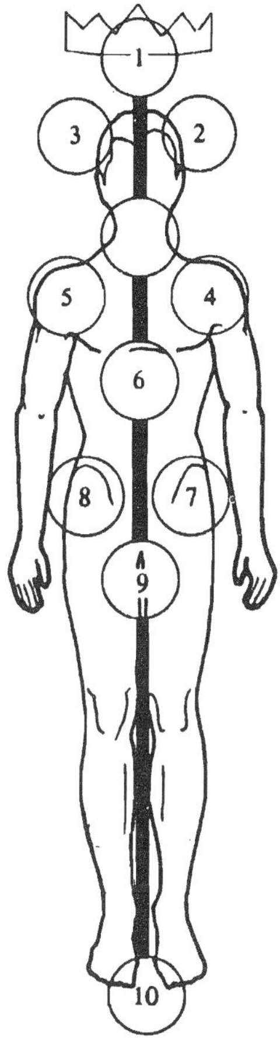

Atribuições físicas das dez *Sephiroth*

homem, o espírito que procura experiência através da encarnação aqui na terra.

É altamente significativo o fato de essa *Sephirah* ou potência ser colocada *acima* da cabeça e não, digamos, dentro do cérebro ou no centro do coração. É a luz do espírito que brilha sempre sobre as trevas embaixo. ("O espírito do homem é a candeia do Senhor." E ainda: "Quando sua candeia brilhava sobre minha cabeça e à sua luz eu caminhava através das trevas.") Esta é uma idéia que tem paralelos também em outros sistemas. Por exemplo, em *The Epitome of Theosophy*, Judge escreve: "Sustenta-se que o verdadeiro homem, que o eu superior, sendo a centelha do Divino, ofusca o ser visível, que tem a possibilidade de tornar-se unido àquela centelha. Assim é dito que o Espírito superior não está no homem, mas acima dele."

Todo processo místico e mágico tem como objeto purificar o eu inferior, de modo que aquele eu superior, que normalmente apenas nos ofusca e raramente está em plena encarnação, possa descer para um veículo purificado e consagrado. A tradição teúrgica afirma que pela execução da Cruz Cabalística, entre outras coisas, esse fim pode ser atingido. Como exercício devoto ou meditação, ela é usada em colaboração com as formulações de certas figuras lineares e a vibração de nomes de poder, seguidas pela invocação dos quatro grandes arcanjos. Na forma ocidental é o seguinte:

1. Toque a testa e diga *Atoh* (Tu és).
2. Toque o peito e diga *Malkus* (o Reino).
3. Toque o ombro direito e diga *ve-Gevurah* (e o Poder).
4. Toque o ombro esquerdo e diga *ve-Gebulah* (e a Glória).
5. Cruzando as mãos sobre o coração, diga *le-Olahm, Amen* (para sempre, Amém).
6. Aqui siga Pentagramas adequados, voltados para os pontos cardeais, e a vibração de nomes de poder.
7. Estenda os braços em forma de cruz, dizendo:
8. À minha frente Rafael, atrás de mim Gabriel.
9. À minha direita Miguel, à minha esquerda Auriel.
10. Pois diante de mim fulge o Pentagrama,
11. E atrás de mim brilha a Estrela de seis raios.
12. Repita 1-5, a Cruz Cabalística.

No que se refere a este pequeno ritual, pode-se descrever sua ação sob vários títulos. Primeiro, invoca o poder do eu superior como fonte constante de vigilância e orientação. Coloca os processos subseqüentes sob a égide divina. Tendo em seguida banido, pelo traçado dos pentagramas apropriados, todos os seres não essenciais dos quatro pontos cardeais com a ajuda dos quatro nomes de quatro letras de Deus, chame então os quatro Arcanjos – as quatro funções concretizadas do mundo psíquico interior e o par dual de opostos – para proteger a esfera de operação mágica que é o círculo do eu. Encerrando, invoque mais uma vez o eu superior, para que, do começo ao fim, a cerimônia inteira esteja sob a guarda do espírito. A primeira seção, compreendendo os itens de 1 a 5, identifica o eu superior do operador com os aspectos superiores do universo sefirótico. De fato, afirma a identidade essencial da alma com a consciência coletiva de toda a humanidade.

Tentando-se uma nova análise, a palavra hebraica *Atoh,* que significa "Tu", refere-se ao esplendor branco divino, o eu superior que ofusca cada homem. Fazendo descer a luz para a boca do estômago – que representa simbolicamente os pés, pois curvar-se até os pés seria um gesto grotesco – estabelece-se na imaginação a haste vertical de uma cruz de luz. A haste horizontal é afirmada tocando-se ambos os ombros e vibrando palavras com as quais se declara que as qualidades do eu superior incluem poder e majestade, severidade e amorosa bondade. Equilíbrio é a característica especial da cruz como símbolo particular e o traçado da Cruz Cabalística dentro da aura afirma a descida do espírito e seu equilíbrio dentro da consciência ou dentro da esfera mágica. A significação é ainda mais acentuada pelo gesto de cruzar as mãos sobre o centro *Tipharas,* o local cardíaco da harmonia e equilíbrio, e dizer *le-Olahm,* Amém para sempre.

A palavra sânscrita *Sattva* implica pureza, ritmo e harmonia, e as três *Gunas,* ou qualidades, referem-se ao espírito. Igualmente no equivalente ocidental desse esquema, a alquimia, as três qualidades correspondem aos três principais princípios químicos, sal, enxofre e mercúrio. Desses, o Mercúrio Universal é um atributo de *Keser* – o santo anjo que é o divino guardião e Vigilante, ofuscando a alma do homem, sempre esperando uma aproximação ordenada para que seu veículo possa ser elevado à sua glória. Existe aqui, portanto, uma semelhança muito grande entre o exercício devoto tibetano e aquele que é recomendado como uma das mais importantes práticas da Magia Cabalística da tradição ocidental.

Lamaísmo e Eucaristia

Na seção do livro em que Waddel descreve a celebração lamaística da Eucaristia, é encontrado outro importante paralelismo. Ele descreve como o sacerdote ou lama que oficia a cerimônia é obrigado a purificar-se durante a maior parte das vinte e quatro horas precedentes, por banhos cerimoniais e elevação da mente por meio da repetição contínua de mantras ou invocações. A descrição efetiva do aspecto interior ou mágico do ritual, embora não seja exposta particularmente bem, é dada pelo que vale: "Estando tudo pronto e a congregação reunida, o sacerdote, cerimonialmente purificado pelos ritos ascéticos acima indicados e paramentado com a túnica e o manto, retira da grande imagem do Buda *Amitayus* parte da divina essência daquela divindade, colocando a *vajra* de seu *rdor jehti t'ag* sobre o vaso de néctar que a imagen de *Amitayus* segura em sua lâmpada e aplicando a outra extremidade sobre seu próprio peito, no local do coração. Assim, pelo cordão, como que por um fio telegráfico, passa o espírito divino e o lama deve conceber mentalmente que seu coração está em união efetiva com o do deus *Amitayus* e que, no momento, ele próprio é o deus."

Depois dessa meditação, o arroz ofertado e o líquido em um vaso especial são consagrados por invocações muito "fortes" e música de címbalo. Em seguida, o alimento e a água consagrados são tomados pela assembléia.

Do ponto de vista teúrgico, o fundamento lógico da Eucaristia é muito simples. Pode haver inúmeros tipos de Eucaristia, todos tendo em vista fins diferentes. É escolhida uma substância que, de acordo com a doutrina de simpatias, tenha afinidade especial por determinada espécie de força espiritual ou divindade e aquela substância é consagrada. Assim, uma hóstia de trigo é a substância da divindade do trigo, atribuída aos poderes de Vênus ou ao elemento terra, presidido por Ceres ou Perséfone. Óleos penetrantes são atribuídos especialmente ao elemento fogo, cuja divindade tutelar é Horus. Olivas são consagradas à força representada pelo signo astrológico de Aquário, o elemento ar, e à deusa Hathor. E vinho é atribuído a Dionísio e aos deuses solares, geralmente Osíris, Ra, etc.

Por uma complicada tabela de correspondências, é possível selecionar qualquer substância para ser a base física da manifestação de uma idéia espiritual. A consagração, cerimonialmente, da base material por meio de uma invocação da força divina, configura o que vulgarmente se chama milagre da transubstanciação. Para usar terminologia mágica preferível, a substância é transformada de um corpo inerte e morto em um organismo vivo, um talismã em suma. A consagração carrega-o e dá-lhe alma, por assim dizer.

Magia Talismânica

Neste ponto, devo registrar minha enfática discordância com os escritores de ciência ou Magia que, impressionados indevidamente ou de maneira errônea pela psicologia moderna, explicam o efeito de um talismã como sendo inteiramente devido a sugestão. Isso é puro disparate. E eu só posso presumir que quem expõe tal espécie de argumento não tem a menor experiência desse tipo de trabalho mágico. É essa espécie de experiência que abrange ou deve abranger a primeira parte do trabalho prático inicial de uma pessoa no lado técnico da Magia. E falta de experiência, mesmo nesse aspecto elementar de virtuosismo técnico, vicia toda opinião sobre outras formas.

Enfrentamos aqui o mesmo problema que surgiu há mais de um século em outra esfera. Os primeiros grandes magnetizadores depois de Mesmer – grandes nomes como de Puysegur, Deleuze, du Potet e La Fontaine – sustentaram que, por meio de vontade e imaginação, eram capazes de abrir-se a um influxo de fora e depois transmitir de seu próprio organismo uma espécie de poder vital ou magnetismo animal. Afirmavam que essa força, que impregna todo espaço, podia ser usada terapeuticamente. Posteriormente, quando tentavam apropriar-se dos fenômenos de transe e métodos de cura iniciados pelos mesmeristas, médicos da escola ortodoxa eliminaram a teoria de força transmissível efetiva e em seu lugar empregaram a teoria de sugestão. Começando com Braid e continuando em uma linhagem de investigadores muito bons, uma duplicação de fenômenos magnéticos foi conseguida por meios puramente psicológicos sem recurso a qualquer hipótese de magnetismo animal.

Mas, o fato de fenômenos poderem ser produzidos por um método não implica necessariamente que sua duplicação por outro seja falsa. É bem possível que feitos semelhantes possam ser realizados por técnicas absolutamente separadas, baseadas em hipóteses diferentes – cada uma delas válida em sua própria esfera e cada uma delas capaz de explicar um conjunto de fatos. Em qualquer caso, a realidade do magnetismo animal ou a transmissão do que no Oriente foi chamado *prana,* vitalidade, nunca foi desmentida.

Pelo contrário, é simples prová-la de maneira perfeitamente adequada. Digamos que uma pessoa normal suspenda seus dedos sobre o braço de uma segunda pessoa, imaginando e querendo que seu *prana* escorra dos dedos em longas e tênues correntes de energia. Se a segunda pessoa ficar sentada absolutamente imóvel e cultivar a objetividade de sentir e esperar, logo sentirá uma fria corrente de ar sobre o braço ou um formigamento na ponta de seus próprios dedos, que provém do influxo de *prana.* Esta é uma experiência muito afastada de sugestão, pois pode ser efetuada com aqueles que não têm a menor idéia dos princípios fundamentais envolvidos e que, portanto, não são diretamente suscetíveis à sugestão neste caso. Espontaneamente e sem estimulação, observarão que foi efetuada uma transmissão tangível de vitalidade. Deve ser possível testar isso com algum instrumento muito delicado. Ademais, em um aposento escuro, essas correntes que saem dos dedos podem ser facilmente vistas, se a mão for mantida diante de um pano preto.

Além disso, a capacidade que uma pessoa tem de gerar esse poder é passível de cultivo. Desenvolvi este tema do ponto de vista de autoterapia em *A Arte da Verdadeira Cura* (ver no final deste volume). Sugiro também que o leitor interessado consulte a obra *Hypnotism and Self-Hypnotism*, do Dr. Bernard Hollander, onde os problemas de sugestão e hipnotismo animal são discutidos com certa minuciosidade, a propósito de trabalho experimental – e discutidos muito inteligentemente.

Em suma, permitam-me dizer que sugestão não invalida o fato do magnetismo animal, nem o efeito de um talismã carregado. Pois, como já disse, estamos diante do mesmo problema surgido anos antes, quanto ao transe e aos fenômenos terapêuticos do mesmerismo serem devidos realmente a sugestão ou a uma sobrecarga de vitalidade. Se energia pode ser transmitida a um indivíduo, como eu sustento, por que não pode sê-lo a uma substância específica que tenha natureza particularmente apropriada para receber uma carga? A tradição sempre afirmou que metais e pedras preciosas, velino e pergaminho constituem boa base material para talismãs. Se a vitalidade do operador é aumentada por simples exercícios de meditação, como foram descritos em *A Arte da Verdadeira Cura,* ou pelos métodos mágicos diretos de invocação e visualização de formas divinas, uma carga muito poderosa é dada à base material do talismã.

Por si só, porém, o talismã nada é. Só se torna eficaz quando apropriadamente consagrado e vitalizado. Assim, a substância eucarística nada vale, até ter sido devidamente consagrada por uma cerimônia mágica apropriada e transformada no veículo de um tipo apropriado de força.

Consagração

O modo de consagração, naturalmente, não será aqui integralmente descrito, por ser coisa demorada e técnica. Uma das partes importantes da cerimônia de consagração de um talismã ou de uma substância eucarística é a adoção astral da forma divina. Após ter determinado a natureza da força divina que deseja invocar e tendo selecionado a substância material de natureza compatível com aquela força, o operador precisa esforçar-se durante sua cerimônia de consagração para exaltar o espírito dentro de si, a fim de identificar-se realmente, de uma ou outra maneira, com a consciência daquela determinada força ou divindade. Quanto mais perfeita e completa for essa união dinâmica, mais automática e simples se tornará a carga subseqüente do talismã. No caso da Eucaristia, a idéia não é, porém, apenas identificação espiritual com a divindade, como preliminar da ascensão ao Deus universal desconhecido, mas transmutação alquímica do veículo inferior em corpo glorificado.

Embora a consciência superior do mago possa certamente ser dissolvida em êxtase, torna-se imperativo criar um elo mágico entre aquela consciência divina e seu corpo e emoções físicas. Por isso, a magnetização cerimonial de uma substância material, seja hóstia, vinho ou erva, impregna-a com aquela mesma força divina. Sua ingestão introduz aquela força transmutadora no próprio ser e fibra do mago, para efetuar o trabalho de transformação. Como escreveu certa vez o autor que usava o pseudônimo Therion: "O mágico torna-se repleto de Deus, alimentado de Deus, intoxicado de Deus.

Pouco a pouco, seu corpo será purificado pela lustração interna de Deus; dia a dia, sua forma mortal, desprendendo-se de seus elementos terrenos, se tornará com muita verdade o Templo do Espírito Santo. Dia a dia, a matéria é substituída pelo Espírito, o humano pelo divino; finalmente, a mudança será completa: Deus manifesto na carne será seu nome."

Para apreciar isto, é necessária alguma pequena experiência mágica, mas penso que esta explicação simplificada lançará, sobre a efetiva natureza da cerimônia, mais luz do que a descrição de Waddell.

Não desejo discutir senão em poucas palavras a validade de uma cerimônia eucarística celebrada por outro que não o próprio operador. Tendo em mente que uma cerimônia eucarística convenientemente realizada resulta na produção de um talismã, torna-se claro que essa espécie de operação beneficia principalmente aquele que a efetua. Em meu modo de pensar, parece um rito inútil distribuir a Eucaristia em bloco. Segundo consta, Buda observou que nenhuma cerimônia tem a menor utilidade para obtenção de salvação ou redenção. Não me parece que com essas palavras ele tenha atacado a tradição mágica, mas, sim, cerimônias em massa, nas quais a audiência não desempenha o menor papel ativo. Não há estimulação voluntária dos princípios espirituais da audiência – é uma participação vicária passiva nos trabalhos de outra pessoa. A Magia, como o Budismo, concorda com o dito de Madame Blavatsky de que "a doutrina central da filosofia esotérica não admite privilégios ou dotes especiais no homem, salvo aqueles conquistados por seu próprio ego através de esforço e mérito pessoais..."

As Peças de Mistério Tibetanas

Há um tópico final a que desejo referir-me com certa demora antes de encerrar este estudo comparativo. A fim de fazê-lo, é necessário no momento deixar Waddell para reportar-me aos escritos de outros dois estudiosos tibetanos, Madame Alexandra David Neel e Dr. W. Y. Evans Wentz. Ambos escreveram com simpatia e compreensão sobre religião tibetana e práticas mágicas. O assunto a ser considerado é uma peça de mistério tibetana em relação a ritual mágico ocidental.

Chöd é uma espécie de drama de mistério e nele o mágico ou iogue é o único ator. O Dr. Evans Wentz, em sua magistral introdução à tradução da peça ou ritual, em *Tibetan Yoga and Secret Doctrines*, explica isso.

> O rito *Chöd* é, antes de tudo, um drama místico, desempenhado por um único ator humano, assistido por numerosos seres espirituais, visualizados ou imaginados como presentes em resposta à sua invocação mágica. O palco é um aterrador local selvagem, muitas vezes nos nevados redutos do Himalaia tibetano, de doze, quinze ou mais mil pés acima do nível do mar. Geralmente, é de preferência um lugar onde cadáveres são cortados em pedaços e dados a lobos e abutres. Nas altitudes menores de Bhutan ou Sikkim, pode ser escolhida a solidão de uma densa selva, mas nos países onde cadáveres são cremados, como Nepal e Índia, é preferível um terreno de cremação. Cemitérios ou locais que se acredita serem assombrados por espíritos malignos e demoníacos são sempre adequados.
>
> Longos períodos probatórios de cuidadosa preparação sob um mestre de *Chöd* são exigidos antes que o noviço seja considerado apto ou tenha permissão para executar o rito psiquicamente perigoso... De início, o celebrante do Rito *Chöd* é levado a visualizar-se como sendo a Deusa da Sabedoria que Tudo Realiza, por cuja vontade oculta ele recebe poderes misticamente; e depois, quando faz soar a trombeta de osso da coxa, invocando os *gurus* e as diferentes ordens de seres espirituais, ele inicia a dança ritual, com mente e energia inteiramente devotadas ao supremo fim de perceber, como ensina o Mahayana, que *Nirvana* e *Sangsara* são, na realidade, uma unidade inseparável.
>
> As estâncias de três a sete, inclusive, sugerem o profundo simbolismo por trás do ritual; e este simbolismo, como se verá, é dependente das Cinco Direções, os Cinco "Continentes" correspondentes da cosmografia *lamaica* com suas formas geométricas, as Cinco Paixões (ódio, orgulho, lascívia, inveja e estupidez), que o *yogin* pisoteia triunfantemente sob a forma de demônios, e as Cinco Sabedorias, antídotos das Cinco Paixões... Na nona estância ocorre o dramático lanceamento dos elementos do Eu com as danças das Cinco Ordens de *Dakinis*. Enquanto o Mistério prossegue e o *yogin* prepara-se para o sacrifício místico de sua própria forma carnal, é revelada a verdadeira significação do *Chöd* ou "eliminação".

Assim o *Chöd*, tal como o explica Evans Wentz, é visto como uma cerimônia mágica altamente complicada, na qual o lama, identificando-se com uma deusa através da adoção visualizada de sua forma astral ou ideal, invoca o que no Ocidente chamaríamos de anjos, espíritos e elementos para assistir sua cerimônia. Convida-os deliberadamente a entrar em sua própria esfera. Não atua mais, como em outras formas especializadas de invocação, selecionando apenas uma determinada força e tentando manter todas as outras fora de sua esfera de consciência. Agora ele cria um vácuo, por assim dizer; abre-se completamente e, inteiramente perceptivo, permite que quaisquer influências o penetrem cada vez mais e participem de sua natureza.

Em um sentido, ele sacrifica seu ser a elas. Sua mente, emoções e sentimentos, os órgãos e membros de seu corpo físico, as minúsculas células e vidas que os compõem, tudo é entregue aos invasores para consumo, se o desejarem. "Durante séculos, no curso de renovados nascimentos, eu tomei emprestados de inumeráveis seres vivos – à custa de seu bem-estar e sua vida – alimentos, roupas e toda espécie de serviços para sustentar meu corpo, mantê-lo jovialmente em conforto e defendê-lo contra a morte. Hoje, pago minha dívida, oferecendo para destruição este corpo que eu queria tanto. Dou minha carne aos famintos, meu sangue aos sedentos, minha pele para cobrir aqueles que estão nus, meus ossos como combustível para aqueles que sofrem frio. Dou felicidade aos infelizes. Dou minha respiração para trazer de volta à vida os que estão morrendo."

É, em suma, uma forma muito idealizada de sacrifício pessoal, na qual a individualidade inteira é aberta, hipoteticamente, a quem quer que deseje possuí-la. Como operação mágica, deve classificar-se muito alto em virtuosismo técnico e, para quem esteja suficientemente dotado de dons mágicos para executá-la, é um ritual eficaz no que se refere a resultados.

A fase final do drama é habilmente descrita por Madame David Neel nesta passagem:

> Agora ele deve imaginar que se tornou um monte de ossos humanos carbonizados que emerge de um lago de lama preta – a lama de miséria, de sujeira moral e de feitos nocivos com que ele cooperou no decurso de inúmeras vidas, cuja origem está perdida na noite do tempo. Ele deve perceber que a própria idéia de sacrifício não é senão ilusão, uma ramificação de orgulho cego e infundado. De fato, ele *nada tem* para dar, porque ele *nada é*. Simbolizam aqueles ossos inúteis a destruição de seu fantasma. O "Eu" pode afundar no lago de lama, que não tem importância. A silenciosa re-

núncia do ascético, que percebe que nada tem a que possa renunciar e que abre mão completamente do júbilo resultante da idéia de sacrifício, encerra o rito.

O Papel do Ego

Tentando uma comparação entre este rito *Chöd* e rituais mágicos europeus, defrontamo-nos de início não com o problema da inferioridade de concepção ou perícia técnica, como muitos pensaram até hoje, mas com uma vasta diferença de perspectiva metafísica. Isto é, existe uma oposição marcadamente enunciada de objetivo tanto filosófico quanto pragmático. Em comum com todas as escolas e seitas do Budismo, o Mahayana é diretamente antagônico à idéia de Ego. Toda sua filosofia e código ético estão diretamente relacionados com a eliminação do "Eu" pensante. Sustenta que esse "Eu" pensante é puramente uma fantasia nascida de ignorância infantil, tal como a noção medieval de que o sol girava ao redor da terra era resultado de conhecimento imperfeito. Por isso, todo seu esquema religioso e filosófico é dirigido no sentido de erradicar essa fantasia do pensamento de seus discípulos. Esta é a doutrina *Anatta* e sua importância para o Budismo funda-se na crença em que dessa fantasia resulta toda dor e infelicidade.

A Magia européia, por outro lado, deve suas doutrinas fundamentais à Qabalah. Embora tenha muito em comum com os contornos gerais do Budismo, a metafísica da Qabalah é essencialmente egocêntrica de maneira tipicamente européia. Contudo, os termos de sua filosofia são tão genéricos que podem ser interpretados livremente por uma variedade de ângulos. Embora condenando os males e limitações que acompanham o falso sentimento de ego, ela acentua não tanto a destruição do ego quanto, com caráter prático verdadeiramente ocidental, sua purificação e integração. Ele é um instrumento muito útil, depois de aprendida a necessária lição de que não é idêntico ao eu, mas apenas um instrumento particular, uma pequena fase de atividade compreendida dentro da grande esfera do indivíduo total. Conseqüentemente, a teurgia prática que surge como superestrutura da Qabalah teórica básica deve também ser afetada por aquele ponto de vista. Em lugar de procurar remover o ego como tal, procura estender as fronteiras limitadas de seu horizonte, ampliar seu campo de atividade, melhorar sua visão e sua capacidade espiritual. Em suma, aumentar seu valor psicológico para que, tomando conhecimento do Eu universal que impregna todas as coisas, possa ficar identificado com aquele Eu. Aqui há, portanto, uma distinção fundamental no ponto de vista adotado.

O Ritual Não Nascido

Assim como o *Chöd* tem suas raízes no animismo *Bön* primitivo do Tibete budista, tendo sido muito claramente remodelado pelos Mahayanistas, o ritual ocidental que me proponho considerar aqui também tem origem muito tosca. Data possivelmente dos séculos imediatamente anteriores à nossa Era Cristã. O "Ritual Não Nascido", nome pelo qual se tornou conhecido, pode ser encontrado em sua forma elementar em *Fragments of a Graeco-Egyptian Work upon Magic*, publicado em 1852 por Charles Wycliffe Goodwin, M. A., para a Sociedade Antiquária de Cambridge. O ritual passou desde então por considerável transformação. De simples oração primitiva para afastar o mal, nas mãos de teurgistas peritos treinados na tradição ocidental da Aurora Dourada, evoluiu para um trabalho altamente complexo, mas muito eficiente e inspirador. O ritual, como tal, consiste agora em um longo proêmio, cinco invocações elementares e uma eloqüente peroração. Inserida entre eles há uma cerimônia eucarística.

No prólogo, o operador identifica-se com Osíris por meio da adoção visualizada da forma divina egípcia. Isto é, formula, à sua volta, a forma de Osíris. Sua imaginação precisa ser pictorialmente aguçada e suficientemente vívida para visualizar mesmo os menores detalhes de traje e ornamentação em cor e forma claras e brilhantes. Em resultado desse esforço, se o operador é bem sucedido, a cerimônia não é mais dirigida por um mero ser humano. Pelo contrário, as invocações e ordens partem da própria boca da divindade.

Osíris, em simbolismo mágico, é a própria consciência humana, depois de finalmente purificada, exaltada e integrada – o ego humano como se acha em posição equilibrada entre céu e terra, reconciliando e unindo ambos. Em um ritual de iniciação da Aurora Dourada, um oficiante, ao mesmo tempo que assume a máscara astral do deus, define a natureza dele afirmando: "Eu sou Osíris, a Alma de aspecto gêmeo, unida ao mais alto por purificação, aperfeiçoada por sofrimento, glorificada através de provação. Vim de onde estão os grandes Deuses, através do Poder do Poderoso Nome."

O lama, quando executa o rito *Chöd*, imagina-se igualmente como uma das *dakinis*, a Deusa da Sabedoria que Tudo Realiza. Esta, na interpretação de Madame Alexandra David Neel, representa esotericamente a vontade superior do lama. Os conceitos de ambos os rituais são efetivamente muito semelhantes.

Mas aí termina a semelhança, na realidade superficial. Isso porque no ritual *Chöd* o lama ou eremita, invocando as várias ordens de demônios e espíritos, identifica-os com seus próprios vícios e assim sacrifica-se. Vê seu ego composto de ódio e ira, lascívia, inveja e estupidez, e arremessa essas qualidades aos espíritos e demônios invasores para consumação. Visualiza seu corpo como um cadáver sendo desmembrado pela colérica deusa e seus órgãos também sendo devorados por uma legião de entidades malignas. Em poucas palavras, é intencionalmente produzida uma espécie de dissociação.

No sistema ocidental, as várias ordens de elementos são também invocadas de suas esferas durante esse Ritual Não Nascido, mas recebem ordem para fluir através do mago, visando não atacá-lo e assim destruí-lo, mas purificá-lo. A intenção é totalmente diferente. Em cada estação ou ponto cardeal, a divindade tutelar apropriada é invocada por meio da formulação da forma astral e das figuras lineares adequadas. No Oriente, em resultado da vibração dos nomes bárbaros de invocação apropriados, que "têm um poder inefável nos ritos sagrados", e pela enunciação das Palavras de Poder, as Sílfides correm através de sua esfera de sensação como um delicado zéfiro, soprando à sua frente a imunda poeira de orgulho. As Salamandras, vindas do Sul, consomem com um fogo ardente a inveja e ódio existentes dentro dele. Lascívia e paixão são purificadas pelas Undines, invocadas do Oeste, como se o mago fosse mergulhado na água mais pura, da qual sai imaculado e consagrado. Enquanto os Gnomos, vindos do Norte, limpam-no de preguiça e estupidez, exatamente como água enlameada e impura é limpada ao ser filtrada através da areia. O operador está, o tempo todo, consciente da injunção a propósito dos elementos dados em uma de suas iniciações. Ou melhor, a injunção torna-se parte de sua perspectiva inconsciente da vida. "Sê tu, portanto, pronto e ativo, como as Sílfides, mas evita frivolidade e capricho. Sê enérgico e forte, como as Salamandras, mas evita irritabilidade e ferocidade. Sê flexível e atento a imagens, como as Undines, mas evita ociosidade e mutabilidade. Sê laborioso e paciente, com os Gnomos, mas evita grosseria e avareza. Assim desenvolverás gradualmente os poderes de tua alma e te ajustarás à ordem dos espíritos dos elementos."

Terminadas as invocações elementares – trabalho muito difícil, cuja execução exige pelo menos setenta ou oitenta minutos de intensa concentração mágica – o operador, estando convencido da presença da força invocada e do efeito salutar de suas respectivas purificações sobre ele, inicia o segundo estágio de seu trabalho invocando o quinto elemento, a quintessência alquímica, *Akasa* ou Éter, em seus aspectos tanto positivo quanto negativo. O efeito dessas duas invocações é equilibrar os elementos já chamados à cena de operações. Tendem elas também a fornecer um molde esotérico ou vácuo astral, ao qual as forças espirituais podem descer para estabelecer contato com a psique inconsciente do operador.

Nesta conjuntura, é costume celebrar o repasto místico que também parece ter intenção inversa à do banquete *Chöd*. Pelo menos, a inversão é apenas aparente. O mago celebra a Eucaristia dos quatro elementos, depois de recitar fortemente a invocação enoquiana da tábua mística de União, começando com *Ol Sonuf vaorsagi goho Iada balta* – "Eu reino sobre vós, disse o Deus de Justiça..." O perfume da rosa sobre o altar, o fogo baixo na lamparina acesa, o pão e o sal, e o vinho são assim poderosamente carregados com a força divina. De tal modo que, quando ele participa dos elementos, o influxo do espírito eleva não apenas seu próprio ego, mas também todas as inumeráveis células que compõem seu veículo inferior de manifestação. E ainda mais, pois afeta todos os seres espirituais, anjos, elementos e espíritos que, em resposta à invocação, agora impregnam a esfera astral. Assim, ele executa aquilo que os princípios de todas as religiões místicas ordenam, a elevação de todas as vidas inferiores, enquanto o homem evolui. Isso ele faz, neste caso, pela ação das invocações mágicas e da Eucaristia, de modo que não somente ele é abençoado pelo impacto do espírito divino, mas todos os outros seres presentes participam da glória com ele. Não há retenção de bênção, pois aqui, como no rito *Chöd*, não há retenção de poder em relação a qualquer ser.

No início da cerimônia, todas as forças e todos os seres são cuidadosamente banidos pelos rituais de banimento apropriados, a fim de deixar um espaço limpo e sagrado para a celebração da cerimônia. Mas para esta esfera consagrada são chamadas todas as ordens de elementos, compreendidas na divisão quíntupla das coisas. E é esta poderosa legião, purificando a esfera do mago por consumir os elementos indesejáveis dentro dele, que é consagrada e abençoada pela Eucaristia e pela descida da Luz refulgente. Toda a operação é selada pela peroração:

> – Eu sou Ele! O Espírito Não Nascido, que tem vista nos pés! Forte e Fogo Imortal! Eu sou Ele, a Verdade! Eu sou Aquele que odeia que o mal seja praticado no mundo! Eu sou Aquele que relampeja e troveja! Eu sou Aquele cuja boca flameja sempre! Eu sou Ele, o Gerador e Manifestador da Luz! Eu sou Ele, a Graça do Mundo! O Coração enlaçado pela Serpente, é meu nome.

Isto coincide com a reformulação da forma divina de Osíris. E, com cada cláusula do hino final, o mágico faz em imaginação esforço para perceber que elas respondem às qualidades e características divinas do deus, cuja luz está naquele momento descendo sobre ele. O resultado final é iluminação e êxtase, transporte da consciência do mago para uma identidade com a consciência de tudo quanto vive, inefável união com a Luz, a Vida única que impregna todo espaço e tempo.

Admitir-se-ão, espero eu, que as concepções ocidentais de Magia não são inferiores de maneira alguma, como muitos infelizmente chegaram a acreditar no passado, àquelas prevalecentes no Tibete e no Oriente. Só que as formas filosóficas são um tanto diferentes. E essa diferença tem suas raízes em necessidades psicológicas variadas – que em tempo nenhum são irreconciliáveis.

Teurgia e Desenvolvimento Espiritual

Devo aqui, portanto, contentar-me com essas comparações entre vários pontos de interesse comum tanto para o Oriente quanto para o Ocidente. Meu desejo de compará-los resulta originariamente da leitura do livro verdadeiramente erudito do Major Waddell – onde o leitor pode encontrar itens de grande e absorvente interesse. Mas acho que, a menos que tenha a chave mágica dessas práticas e de várias cerimônias que os lamas praticam, o leitor tende a aborrecer-se e desistir sem adequada compreensão delas. Com todo o devido respeito pela sabedoria oriental, pela qual certamente tenho grande e profunda reverência, é minha crença que neste caso um estudo da Teurgia, como foi desenvolvida pelo gênio ocidental, é mais capaz do que qualquer outra coisa de lançar um raio iluminador sobre a verdadeira natureza do desenvolvimento espiritual pelo caminho da Magia. São muitos os caminhos que levam ao objetivo único da Visão Beatífica. Desses, um é a meditação. Provavelmente, no desenvolvimento de meditação e nos processos puramente introspectivos de Ioga, o Oriente está muito à frente do Ocidente. Certamente não existe melhor compêndio sobre esse assunto do que os Aforismas de Ioga Patanjali. E eu reconheço que Blavatsky trouxe a Teosofia do Oriente. Mas Teurgia elevou-se a alturas iluminadas pelo sol nas escolas ocidentais. Nossos santuários ocultos de iniciação, onde Magia vem sendo há muito tempo empregada com sucesso, mas negada com excessivo rigor ao conhecimento do mundo exterior, tem uma interpretação mais bela, mais nobre e mais espiritual do que qualquer outra que possa ser encontrada nos sistemas orientais.

Quanto a mim, só posso dizer que a experiência demonstra que Teurgia não faz confusão em sua declaração de ideais. Não introduz caos supersticioso a respeito do temor de demônios, etc., que é muito aparente no esquema tibetano, a julgar-se pelo livro de Waddell. Todo esforço mágico dos lamas é descrito como sendo devido a medo ou ódio de maus espíritos, embora eu não duvide de que muitos lamas têm uma compreensão de seu sistema melhor do que essa. A Teurgia alimenta o ideal de que sua técnica seja um meio de promoção do desenvolvimento espiritual da pessoa, para que assim ela possa consumar o verdadeiro objeto da encarnação. Não egoisticamente, mas para que possa daqui para diante ser mais capaz de ajudar e participar do progresso ordeiro da humanidade em direção àquele dia perfeito em que a glória deste mundo passará e o Sol da Sabedoria se erguerá para brilhar sobre o esplêndido mar.

2. A Arte da Magia

De todos os assuntos que constituem o que hoje é chamado ocultismo, o pior interpretado é a Magia. Até mesmo a alquimia, que para alguns é incomodamente negra e obscura, desperta em geral muito mais simpatia e compreensão do que a Magia. Por exemplo, o psicólogo Jung observou a respeito da alquimia, em seu ensaio *O Ego e o Inconsciente,* que "seria imperdoável depreciação de valor se aceitássemos a opinião corrente e reduzíssemos o esforço espiritual do alquimista ao nível da retorta e do forno de fundição. Certamente que este aspecto pertence à alquimia; representou o início tentativo da química exata. Mas ela tem também um lado espiritual ao qual ainda nunca foi dado o valor verdadeiro e que do ponto de vista psicológico não deve ser subestimado."

Contudo a Magia, é estranho dizer, não recebeu avaliação igual – exceto até onde se alia o termo Magia ao inconsciente e se diz que ela representa uma tentativa primitiva de conhecer o inconsciente. Conseqüentemente, não existe mais que uma tentativa mínima de chegar à compreensão de seus processos. No momento, eu não desejo analisar as possíveis razões desse espantoso fenômeno. O que interessa mais, porém, é promover uma abordagem do assunto mais ou menos inteligível, para que, dado o vislumbre inicial da luz brilhante que enche o mundo da Magia, mais pessoas possam sentir-se dispostas a dedicar um pouco de suas energias e de seu tempo ao seu estudo. As vantagens e benefícios são tais que tornam esse esforço extremamente proveitoso.

Os Objetivos da Magia

De maneira simples e breve, permitam-me dizer de início que a Magia se interessa principalmente pelo mundo da psicologia moderna. Vale dizer que ela trata daquela esfera da psique de que normalmente não somos conscientes, mas que exerce enorme influência sobre nossas vidas. Magia é uma série de técnicas psicológicas planejadas para permitir que sondemos mais profundamente nós mesmos. Para que fim? Primeiro, para compreendermos a nós próprios mais completamente. Além do fato de tal autoconhecimento ser por si só desejável, uma compreensão da natureza interior livra-nos de compulsões e motivações inconscientes e confere domínio sobre a vida. Segundo, para que possamos expressar mais plenamente aquele eu interior em atividades cotidianas. Só quando a humanidade em seu todo tiver atingido ou talvez quando os homens e mulheres mais avançados do mundo tiverem desenvolvido algum grau de realização interior é que poderemos ter esperança daquela condição utópica ideal das coisas – ampla tolerância, paz e fraternidade universal. A finalidades como essas é que a Magia deve sua razão de ser.

Religião e Magia

Abordando a matéria de outro ponto de vista, pode-se dizer que a Magia trata dos mesmos problemas que a religião. Não desperdiça seu ou nosso valioso tempo com especulações fúteis a respeito da existência ou natureza de Deus. Afirma dogmaticamente que existe um princípio vital onipresente e eterno – e assim, de maneira verdadeiramente científica, estabelece uma legião de métodos para prová-lo por si próprio. Como podemos conhecer Deus? Aqui, como antes, há uma técnica bem definida e elaborada para lidar com a consciência humana como tal e elevá-la a uma experiência imediata do espírito universal que impregna e sustenta todas as coisas. Isso porque o sistema tem aversão pela atitude daqueles pensadores complacentes, mas confusos, que, recusando aceitar suas limitações humanas como são hoje, miram muito alto sem lidar com os múltiplos problemas no caminho.

Suponhamos que aquele edifício ao longe tem dez andares. Como podemos chegar ao telhado? Certamente não ignorando o fato muito óbvio de que pelo menos duzentos pés interpõem-se entre nós e o telhado! No entanto, é essa precisamente a atitude do chamado culto da simplicidade em religião mística. Deus, afirmam eles, é um elevado estado de consciência infinita ao qual a mente microcósmica deve ser unida. Até aí, tudo bem – e nisso a Magia está de acordo com a opinião deles. Todavia, essas pessoas propõem-se chegar ao cume de realização ignorando os degraus existentes entre o homem como o encontramos agora e o fim supremo – Deus. É como se desejassem saltar do chão ao telhado do mencionado edifício.

A Magia adota uma atitude ligeiramente diferente. É, porém, uma atitude marcadamente semelhante à atitude de senso comum do homem mítico da rua. Para chegar ao alto do edifício precisamos subir os vários lanços de escada que levam até lá ou então tomar o elevador. Em qualquer dos casos, é um processo gradual – uma evolução, se quiserem.

O homem, sustenta a teoria mágica, é uma criatura mais ou menos complicada, cujas várias faculdades de sentimento, sensação e pensamento desenvolveram-se lentamente no curso de séculos de evolução. É fatal ignorar essas faculdades, pois evidentemente elas evoluíram para algum propósito útil em resposta a alguma necessidade interior. Assim, ao aspirar à união divina, certamente um objetivo louvável, devemos estar seguros de que nosso método, seja qual for, leva em consideração aquelas faculdades e desenvolve-as até o estágio em que possam participar da experiência. Se evolução é considerada um processo adequado, então o homem inteiro deve evoluir, e não apenas pequenos pedaços ou aspectos dele, enquanto outras partes de sua natureza são deixadas sem desenvolvimento em um nível de ser primitivo ou infantil. Ademais, essas faculdades precisam ser treinadas para que sejam capazes de "suportar" as enormes tensões a que certamente serão submetidas por uma realização tão exaltada, mas ainda assim tão poderosa. Cada faculdade precisa ser deliberadamente treinada e levada de estágio a estágio através dos vários níveis de consciência humana e cósmica, para que se acostume gradualmente ao alto potencial de energia, ideação e inspiração que deve inevitavelmente acompanhar a iluminação e uma extensão de consciência. O fato de não considerar esse ponto de vista em termos de sua dinâmica deve sem dúvida ser responsável pelas catástrofes tão freqüentemente encontradas em círculos místicos e ocultos.

A fim de apresentar uma visão geral de todo o campo da Magia, permitam-me declarar sumariamente que, por motivo de conveniência, o assunto pode ser dividido em pelo menos três seções principais: 1. Adivinhação; 2. Evocação e visão; 3. Invocação. Definirei cada uma delas separadamente e com alguns pormenores.

Adivinhação

No que se refere à primeira divisão, a hipótese mágica é perfeitamente definida. Sustenta ela que adivinhação não se interessa em última análise por mera leitura da sorte – nem mesmo pela adivinhação das causas espirituais por trás de acontecimentos materiais, embora esta última não seja de pouca importância. Pelo contrário, a prática de adivinhação, quando conduzida de maneira certa, tem por objetivo o desenvolvimento da faculdade psíquica interior de intuição. É um enorme bem espiritual ter desenvolvido alta sensibilidade ao sutil mundo interior da psique. Quando mantida por período de tempo suficientemente longo, a prática constrói vagarosamente, mas eficientemente, uma espécie de ponte entre a consciência do homem e aquela parte oculta mais profunda da sua psique, da qual geralmente ele não tem conhecimento – o inconsciente ou eu superior. Nesses aspectos espirituais mais profundos de sua natureza estão as raízes divinas de discriminação, discernimento espiritual e elevada sabedoria.

O objeto da adivinhação é muito simplesmente, portanto, a construção de um mecanismo psíquico pelo qual essa fonte de inspiração e vida possa ser tornada acessível à consciência comum, ao ego. O fato de esse mecanismo interessar-se de início em fornecer respostas para perguntas aparentemente triviais não é por si só objeção à técnica propriamente dita. As abordagens preliminares de qualquer estudo podem ser indignas daquele estudo ou incompatíveis com ele. E adivinhação não é exceção à regra geral. Nem é objeção válida o fato de a técnica estar aberta a freqüentes abusos de charlatães inescrupulosos. Mas quando praticada com sinceridade, inteligência e assiduidade pelo verdadeiro estudante, a consciência gradualmente se abre a um nível mais profundo de percepção. "O cérebro torna-se poroso para as lembranças e ditames da alma" (para usar uma expressão teosófica corrente) – é uma verdadeira declaração dos efetivos resultados do treinamento. Como o objeto da psicologia analítica é a assimilação do conteúdo reprimido do inconsciente na consciência comum desperta, por esses outros meios mágicos a mente humana torna-se consciente de si própria como infinitamente mais vasta, mais profunda e mais sábia do que jamais percebera antes. Uma noção do aspecto espiritual das coisas desperta na mente – uma noção da própria alta sabedoria inata e um reconhecimento da divindade trabalhando através do homem e do universo. Certamente, esse ponto de vista eleva a adivinhação acima do nível de mera arte oculta e até uma parte intrínseca do esforço místico.

Geomancia, Tarô e Astrologia

Estas são as técnicas fundamentais do sistema divinatório. Geomancia é adivinhação por meio de terra. Em certa época, seus praticantes usavam realmente areia ou terra preta, na qual traçavam seus desenhos e símbolos – método tipicamente primitivo ou medieval. Hoje os adivinhadores geomânticos usam lápis e papel, contando com o grafite de seus lápis para formular teoricamente um elo mágico entre eles próprios e as chamadas inteligências ou elementos adivinhadores de terra. É, pelo que mostra minha experiência, uma técnica altamente eficiente, em favor da qual se pode alegar um grau de pelo menos 80 por cento de precisão no decorrer de vários anos.

Tarô é o nome de um maço de cartas, em número de setenta e oito, que foi introduzido na Europa no século XIV ou XV. Ninguém sabe de onde ele veio. Sua origem é um mistério completo. Em um período não havia na Europa essas cartas, até onde podemos ver. Em outra época, as cartas estavam circulando livremente.

Pouca menção precisa ser feita à astrologia, pois é há muito tempo um dos métodos mais populares com os quais o público se familiarizou. Quem praticar esses métodos tendo em mente tal objetivo certamente perceberá os resultados que descrevi. E, embora seja verdade que seus consulentes de adivinhação podem receber respostas perfeitamente boas para suas perguntas, afastando-se de seu limiar com espírito de gratidão e admiração, o desenvolvimento intuitivo que a pessoa adquire constitui o lado mais importante daquela operação.

Evocação

É quando deixamos o reino relativamente simples da adivinhação para abordar o obscuro aspecto da evocação, que entramos em águas profundas. Aqui é que surge a maior dificuldade. E é em relação a esta fase da Magia que se desenvolveram a maior incompreensão e medo.

A fim de elucidar a matéria, permitam-me usar a terminologia da psicologia moderna. O termo "complexo" adquiriu muita notoriedade no último quarto de século, a partir da divulgação das teorias de Freud e Jung. Significa um agregado ou grupo de idéias na mente, com forte carga emocional, capaz de influenciar pensamento e comportamento conscientes. Se meu interesse é a Magia, então naturalmente cada item de informação adquirido, seja qual for sua natureza, provavelmente será construído por associação naquela constelação de idéias que se agrupa em torno de meu interesse – tornando-se no curso dos anos um perfeito complexo. A sra. Jones, dona da leiteria onde eu compro, devido a suas predileções profissionais, terá seu complexo centralizado em leite, vacas, manteiga e no preço dos ovos.

Acima dessa definição, porém, está outra mais sutil: um grupo de idéias ou sentimentos congregando-se em torno de um tema psíquico significativo ou dominante, como sexo ou a necessidade de vencer sentimentos de inferioridade, ou algum trauma de infância, que prende ou fecha energia nervosa. Assim, em resultado de repressão, podemos encontrar um complexo do qual o portador é totalmente inconsciente – complexo que se expressa em sentimento de insegurança, obsessão por temores mórbidos irracionais e persistente ansiedade. Ademais, pode existir uma constelação de sentimentos, disposições de ânimo e reações emocionais, que se torna muito poderosa, mas ainda assim tão desagradável à razão a ponto de ficar completamente afastada da corrente principal da personalidade. O que a psicologia moderna chama complexo, nesse sentido, a antiga psicologia da Magia, que tinha seu próprio sistema de classificação e nomenclatura, chamava Espírito. O sistema de classificação era o Sephiroth cabalístico ou as dez categorias fundamentais de pensamento.

Assim, se tentássemos a tradução dos termos, ao sentimento de inferioridade poderíamos denominar espírito de *Tipharas,* cujo nome consta ser *Soras,* visto que o sol, uma de suas atribuições ou associações, é considerado o símbolo planetário da individualidade. Conseqüentemente, uma aflição da personalidade, o que pode ser considerado uma definição geral ou tosca do sentimento de inferioridade, poderia ser atribuída a *Soras* – pois o espírito no caso de cada Sephirah é considerado mau. O complexo que se expressa em insegurança é o espírito de *Yesod* e a lua, cujo nome é *Chasmodai*. Esta esfera de *Yesod* representa o plano ou fundamento astral que dá estabilidade e permanência a formas físicas; em uma palavra, é um símbolo de segurança e força. Se nos defrontamos com um caso em que as emoções estão separadas da consciência, esta é a influência do espírito de *Hod* e Mercúrio, *Taphthartharath*. Quem está mergulhado em caos emocional, tendo recusado desenvolver igualmente a consciência e as faculdades racionais, está sujeito ao espírito de *Netsach* e Vênus, *Haniel*. Uma neurose puramente destrutiva ou suicida, que leva a pessoa a exibir a tendência sintomática de quebrar coisas deliberadamente ou de usá-las para atacar a si próprio, é de qualidade marcial, pertencente a *Gevurah* e Marte, o espírito *Samuel*.

Este é, naturalmente, o ponto de vista subjetivo. Não nego que existe uma teoria hierárquica puramente objetiva, mas esta não pode ser tratada aqui.

Como lidamos hoje com as psiconeuroses na tentativa de curá-las – de eliminá-las da esfera de Pensamento e sentimento do paciente? Principalmente pelo método analítico. Encorajamos o paciente a narrar livremente a história de sua vida, a delinear pormenorizadamente suas primeiras experiências com seu pai e sua mãe, suas reações a irmãos e irmãs, à escola e aos colegas, e a todo o ambiente. Pedimos-lhe que trate particularmente de suas reações emocionais a essas primeiras experiências, que as reviva em sua imaginação, que relate e analise seus sentimentos em relação a elas. Além disso, seus sonhos no período de análise são sujeitos a cuidadoso exame. Isto é necessário por ser o sonho uma atividade psíquica espontânea, em que não interfere a consciência desperta. Tal atividade revela as reações inconscientes atuais aos estímulos da vida – reações que modificam e até mesmo formam sua perspectiva consciente. Desta maneira, é permitido ao paciente perceber *objetivamente* a natureza daquele complexo. O paciente deve desprender-se dele durante um curto espaço de tempo. E este exame objetivo crítico do complexo, esta compreensão de sua natureza e dos meios pelos quais ele nasceu, permite ao paciente, não imediatamente e de uma vez, mas gradualmente e com a passagem do tempo, expulsá-lo de seus modos de pensar.

A Magia, porém, procedia em certa época de acordo com uma técnica ligeiramente diferente. Percebia também como são devastadores esses modos perversos de pensamento e como são mutiladores os efeitos por eles exercidos sobre a personalidade. Indecisão, vacilação, incapacitação de memória, anestesia de sentimento e sensação, compulsões e fobias, além de uma legião de males físicos e morais, são as resultantes desses complexos ou espíritos dominantes. O paciente permanece tão completamente à mercê de disposições obsessivas, a ponto de ficar quase fora de si, sugerindo assim a vívida imaginação dos antigos uma obsessão real por alguma entidade espiritual estranha. Assim, para devolver ao homem sua eficiência anterior ou o padrão de normalidade, essas aflições precisam ser eliminadas da consciência.

Personalização de Complexos

Como primeiro passo, a Magia passava a personalizá-los, a investi-los com figura e forma, e a dar-lhes nome e qualidade definidos. É da natureza da psique dar espontaneamente características e nomenclatura humanas ao conteúdo de sua própria mente. Ao fazê-lo, o sistema mágico recebe a bênção oficial, se assim posso dizer, nada menos que de uma autoridade psicológica moderna como o dr. C. G. Jung. Em seu comentário em *O Segredo da Flor Dourada*, Jung dá a esses complexos a denominação de "sistemas parciais autônomos". Referindo-se a esses sistemas parciais, afirma: "Sendo também constituintes da personalidade psíquica, eles têm necessariamente o caráter de pessoas. Esses sistemas parciais aparecem em doenças mentais nas quais não há divisão psicogênica da personalidade (dupla personalidade) e também, muito comumente, em fenômenos mediúnicos." É, como já disse, tendência natural da mente humana personalizar esses complexos ou agrupá-los em idéias especiais. Como outra prova, podemos citar o fenômeno dos sonhos, nos quais muito freqüentemente é dada às dificuldades ou complexos do paciente alguma forma humana ou animal.

Avançando mais um passo, a antiga ciência da Magia postula que para eliminar esse complexo é necessário torná-lo objetivo para a consciência do próprio paciente ou estudante, a fim de que este possa adquirir algum reconhecimento de sua presença. Enquanto esses nós de emoção ou espíritos astrais são desconhecidos e descontrolados, o paciente é incapaz de controlá-los para maior vantagem, de examiná-los completamente, de aceitar um ou rejeitar outro. Antes de tudo, essa era a hipótese, é preciso que eles adquiram forma tangível e objetiva para poderem ser controlados. Enquanto permanecerem intangíveis e amorfos, e não percebidos pelo ego, não poderão ser adequadamente tratados. Com um programa de evocação formal, porém, os espíritos do escuro submundo ou os complexos de idéias que habitam as camadas mais profundas do inconsciente podem ser evocados da escuridão para aparência visível no triângulo mágico de manifestações. Evocados dessa maneira técnica, eles podem ser controlados por meio dos símbolos transcendentais e processos formais da Magia, sendo trazidos para dentro do domínio da vontade e consciência estimuladas do teurgista. Em outras palavras, eles são mais uma vez assimilados na consciência. Não são mais espíritos independentes vagueando pelo mundo astral ou sistemas parciais morando no inconsciente, perturbando a vida consciente do indivíduo. São trazidos mais uma vez de volta para a personalidade, onde se tornam cidadãos úteis, por assim dizer, partes integrantes da psique, ao invés de párias e gangsters, inimigos cruéis e perigosos ameaçando a unidade e integridade psíquicas.

O Processo de Evocação

Como são eles evocados? Qual é o processo técnico para tornar objetivos esses sistemas parciais autônomos? Aqui a Magia separa-se da psicologia ortodoxa. Muitos meses de tediosa análise, por enorme custo financeiro, são exigidos pelo método psicológico atual para lidar com esses problemas e poucos são suficientemente fortes ou pacientes para persistir. A teoria mágica prefere uma forma drástica de excitação emocional e mental por meio de técnica cerimonial. Durante a cerimônia de evocação, nomes divinos e de espíritos são continuamente vibrados como parte de uma demorada conjuração. Caminhadas em círculo são feitas a partir de posições simbólicas no templo – representando diferentes camadas do inconsciente, diferentes regiões do mundo psíquico. Ar é inalado para os pulmões e, mais ou menos como na técnica pranayama dos iogues hindus, manipulado pela imaginação de maneiras especiais. Por meio desses exercícios, a consciência é estimulada em tal grau que se abre, contra sua vontade, à elevação forçada do conteúdo do inconsciente. A elevação não é casual, mas decididamente controlada e regulada, pois os cabalistas estão perfeitamente familiarizados com as idéias de sugestão e associação, arranjando suas conjurações de modo que, por meio de associação de idéias, seja sugerida à psique a sucessão de idéias necessárias – e só aquela sucessão.

O sistema parcial determinado é então expulso da esfera de sensação e projetado para fora. Incorpora-se à chamada substância astral ou esotérica que normalmente compõe o corpo interior e que serve como alicerce ou plano da forma física, atuando como ponto entre o corpo e a mente, da qual é o veículo. A forma astral, refletindo agora o sistema parcial projetado do inconsciente, atrai para si partículas de pesado incenso, queimando copiosamente durante a cerimônia. Gradualmente, no curso do cerimonial, cria-se uma materialização que tem a forma e caráter de um ser autônomo. Pode-se falar com ele e ele pode falar. Igualmente pode ser dirigido e controlado pelo operador da cerimônia. Na conclusão da operação, ele é absorvido deliberada e conscientemente pelo operador, mediante a fórmula habitual: "E agora eu te digo, parte daqui com a bênção de (o nome divino apropriado que governa aquele tipo determinado de complexo) sobre ti. E que haja paz entre mim e ti. E que estejas tu sempre pronto a vir e obedecer à minha vontade, seja por uma cerimônia, seja apenas por um gesto."

Assim, o defeito causado na consciência pelo espírito-obsessão é remediado e, devido à entrada na consciência do tremendo poder e sentimento envolvidos em tal repressão, a psique do operador é estimulada de maneira especial, de acordo com a natureza do espírito.

Recapitulando, o propósito da evocação é fazer com que uma porção da psique humana, que se tornou deficiente em uma qualidade mais ou menos importante, seja levada intencionalmente a ressaltar-se, por assim dizer. Tendo recebido corpo e nome pelo poder da vontade e imaginação estimuladas e da substância astral exsudada, ela é, para continuar usando metáfora, especialmente nutrida pelo calor e pelo sustento do sol, e provida da água e alimento para que possa crescer e florescer.

Naturalmente, é necessário familiaridade antes que este tipo de Magia possa ser tentado. Ele exige estudo e longo treinamento. Trabalho persistente e árduo precisa ser realizado com as fórmulas apropriadas, antes que a pessoa se atreva a dedicar-se a um aspecto tão formidável e talvez perigoso da rotina mágica. Mas tem esta vantagem sobre o processo analítico. É infinitamente mais rápido, quando a técnica foi dominada e os caminhos de associação especial foram conhecidos, e consideravelmente mais completo e eficaz como agente catártico. Espero ver um dia uma modificação dele usada comumente por nossos psicólogos.

Visão

Existe uma importante variação desta técnica. À primeira vista, talvez pareça ter pouca relação com o método de evocação. Mas tem também como objetivo a necessária assimilação do conteúdo inconsciente da psique na consciência normal. Seu objeto é, também, o alargamento do horizonte da mente pelo alargamento das concepções intelectuais do estudante sobre a natureza do universo.

Os processos técnicos elementares deste método exigem o desenho ou pintura de símbolos coloridos dos elementos terra, ar, água, fogo e éter. Cada um deles tem um símbolo e cor tradicionais diferentes. À terra é atribuído um quadrado amarelo. O ar é um círculo azul. Água é um crescente prateado, Fogo é o triângulo vermelho e éter é o ovo preto. Depois de fitar intensamente o símbolo de determinado elemento durante vários segundos e em seguida voltar os olhos para alguma superfície branca ou neutra, é vista contra ela uma imagem reflexa da cor complementar. Trata-se de uma ilusão de óptica normal, sem qualquer significação especial em si própria. Obtido o reflexo óptico, o estudante é aconselhado a fechar os olhos, imaginando que diante dele estão a forma simbólica e a cor complementar do elemento usado. A forma é então ampliada até parecer suficientemente alta para que ele se visualize caminhando através dela. Depois ele deve permitir à faculdade de fantasia de sua mente ação plena e desimpedida. Particularmente importante é que nesse estágio ele deve vibrar certos nomes divinos e arcangélicos que a tradição atribui àquele símbolo determinado. Esses nomes podem ser encontrados no primeiro volume de meu trabalho *The Golden Dawn*.

Dessa maneira, ele entra, imaginativa e clarividentemente, por meio de uma visão, no reino elementar correspondente à natureza do símbolo que escolheu. Empregando elemento após elemento, ele estabelece contato simpático com o entendimento dos vários planos hierárquicos existentes dentro da Natureza e assim alarga tremendamente a esfera de sua consciência.

Do ponto de vista psicológico, podemos entender que a teoria mágica sugere que o inconsciente (que foi comparado aos nove décimos de um iceberg ocultos sob a água e não visíveis) pode ser classificado em cinco principais camadas ou subdivisões. Esses cinco níveis correspondem aos cinco elementos, sendo terra o mais superficial e éter ou espírito o mais profundo. Seguindo essa técnica de visão ou fantasia, permite-se à consciência comum do candidato atravessar a barreira, sem isso impenetrável, que subsiste entre ela e o inconsciente. É formado um elo entre os dois aspectos da mente, é construída uma ponte, através da qual a psique pode passar a qualquer momento. Entrar nesses vários níveis psíquicos por meio de projeção imaginativa é análogo a formar um caminho de associação por meio do qual idéia, inspiração e vitalidade são tornadas acessíveis à consciência.

A visão assim obtida corresponde geralmente a uma espécie de sonho, experimentado, porém, em pleno estado consciente – um sonho do qual nenhuma das faculdades da consciência, como vontade, crítica e viva percepção, está de maneira alguma em inatividade. A meta do analista, do ponto de vista sintético e construtivo, é atingida prontamente por esses meios. Ampla variedade de conhecimento e sentimento é assim aberta e assimilada sem esforço ou dificuldade, para vantagem e desenvolvimento espiritual do indivíduo.

Interpretação da visão é um fator importante. A falta de interpretação talvez seja responsável pela esterilidade intelectual e vazio espiritual tão freqüentemente observados naqueles que empregam métodos semelhantes. O conhecimento dos métodos de análise simbólica de sonhos e fantasias espontâneas, de Jung, pode ser extremamente útil aqui, fornecendo um valioso auxiliar à referência cabalística de símbolos às dez *Sephiroth* da Árvore da Vida. Antes de passar adiante, é interessante notar que Jung faz no final de seu livro *Dois Ensaios sobre Psicologia Analítica* um relato da fantasia espontânea de um paciente, curiosamente semelhante à técnica tattwa que acabo de descrever. Jung a chama de "visão" que por intensa concentração foi percebida no fundo da consciência, técnica que só é aperfeiçoada depois de longa prática. É tão interessante que sou forçado a citá-la aqui:

> Subi a montanha e cheguei a um lugar onde vi sete pedras vermelhas à minha frente, sete de cada lado e sete atrás de mim. Permaneci no meio desse quadrângulo. As pedras eram chatas como degraus. Tentei erguer as quatro pedras que estavam mais perto de mim. Ao fazê-lo, descobri que essas pedras eram os pedestais de quatro estátuas de deuses que estavam enterradas de cabeça para baixo. Desenterrei-as e arrumei-as à minha volta de modo que eu ficasse no meio delas. De repente, elas se inclinaram umas para as outras, de modo que suas cabeças tocaram, formando uma espécie de tenda sobre mim. Eu caí ao chão e disse: "Caiam sobre mim, se for preciso, pois estou cansado." Então vi que além, circundando os quatro

deuses, formara-se um anel de chamas. Depois de algum tempo, levantei-me do chão e derrubei as estátuas dos deuses. Quando caíram sobre a terra, quatro árvores começaram a crescer. E então do círculo de fogo saltaram chamas azuis que começaram a queimar a folhagem das árvores. Vendo tal coisa, eu disse: "Isto deve parar. Preciso entrar no fogo para que as folhas não sejam queimadas." Então entrei no fogo. As árvores desapareceram e o anel de fogo contraiu-se e tornou-se uma imensa chama azul, que me levou da terra para o alto.

O Supremo Sacramento

Adivinhação, evocação e visão são as técnicas preliminares da Magia. Observamos que há considerável justificação para seu emprego – quando existe adequado conhecimento de sua significação e do processo técnico. Mas elas são apenas métodos preliminares. Não são degraus que levam à consumação do supremo sacramento. O fim inevitável da Magia é idêntico àquele concebido no misticismo, união com a Divindade. A Magia concebe a divindade como Espírito, Luz e Amor. É uma força vital penetrante e onipresente, que impregna todas as coisas, sustentando toda vida, desde o mais minúsculo elétron até as maiores nebulosas de dimensões impressionantes. Esta vida é o substrato da inteireza de existência e é nessa consciência primeira que vivemos, nos movemos e temos nosso ser. No curso de manifestação, centros cósmicos desenvolvem-se dentro de sua infinidade, centros de elevada inteligência e poder, nos quais a alta tensão cósmica pode ser modificada e reduzida a grau mais baixo, de modo a produzir finalmente uma manifestação objetiva. Esses centros cósmicos são o que no momento podemos chamar de deuses (não espíritos) – seres de enorme sabedoria, poder e espiritualidade, em uma escala hierárquica ascendente entre nós e o Deus desconhecido e inominado. A hierarquia determinada que eles formam recebe em Magia uma classificação clara nos termos de Árvore da Vida cabalística.

Em um parágrafo anterior, apresentei a metáfora de um homem tentando chegar ao alto do telhado de um edifício de vários andares. A Magia concebe um desenvolvimento espiritual de maneira análoga. Isto é, concebe uma evolução pessoal progressiva e ordenada.

Divindade é o objetivo que procuramos alcançar, o alto do telhado. Nós, aqueles de nós que alimentamos o ideal místico, estamos embaixo, no chão. Com um salto não podemos chegar ao topo. Uma distância intermediária precisa ser atravessada. Para chegar ao telhado precisamos usar escada ou elevador. Por meio da técnica mágica, empregamos a invocação dos deuses, que correspondem metaforicamente à escada ou elevador, e tentamos união com sua consciência mais larga e mais vasta. Como eles representam os vários níveis cósmicos de energia e mente existentes entre nós e o supremo objetivo, na medida em que nos unimos em amor, reverência e rendição a eles, mais nos aproximamos da fonte última e raiz de todas as coisas.

Invocação

Usando o plano da Árvore da Vida como guia, o mágico invoca os deuses menores ou arcanjos, como são chamados em outro sistema, desejoso de misturar sua própria vida e entregar seu próprio ser à maior e mais extensa vida do deus. Assim, essa percepção espiritual torna-se mais aguda e mais sensível, e a consciência do mágico acostuma-se com a alta tensão da força divina que flui através dele. Prosseguindo sua evolução interior, ele invoca a *Sephirah* ou plano imediatamente acima. Seguindo o mesmo processo, tenta assimilar sua própria essência, sua própria consciência integrada àquela da divindade que invocou. E assim por diante – até finalmente encontrar-se sobre o alto pico Darien de realização espiritual, unido com a transcendental vida do infinito, sentindo o amor e compaixão universais, consciente de toda vida e toda coisa com suprema visão e poder. Como Jâmblico, o teurgista neoplatônico, expressou certa vez: "Se a essência e perfeição de todo o bem estão compreendidas nos deuses, se o primeiro e antigo poder deles está conosco, sacerdotes (isto é, teurgistas ou mágicos), e se, por aqueles que aderem igualmente a naturezas mais excelentes e obtêm genuinamente uma união com elas, o princípio e o fim de todo bem é seriamente perseguido: se assim é, aqui são encontradas a contemplação da verdade e a posse de ciência intelectual. E um conhecimento dos deuses é acompanhado pelo... conhecimento de nós próprios."

Basta de teoria. Como se processa a arte de invocação? O mais importante de tudo é a faculdade imaginativa. Esta deve ser treinada para visualizar símbolos e imagens com a máxima clareza, facilidade e precisão. A necessidade disto resulta do fato de que certas formas divinas precisam ser visualizadas. Na técnica mágica, as mais populares são as formas divinas egípcias. Parece haver certa qualidade de precisão específica em formas como Osíris, Ísis, Hórus e Nuit, por exemplo, que as torna peculiarmente eficazes para esta espécie de treinamento. Em outro sistema, no qual os arcanjos são sinônimos dos deuses divinos, são visualizadas formas baseadas em uma análise das letras individuais que formam o nome de Deus. Vale dizer, se empregarmos o sistema cabalístico judaico, a cada letra hebraica é atribuída uma cor, um símbolo astrológico, uma significação divinatória em Tarô e Geomancia, e um elemento. Ao construir na imaginação a chamada imagem telesmática do arcanjo, tomamos cada letra como representando uma parte ou membro determinado da forma e um formato, aspecto e cor determinados. Assim, a partir da letra de seu nome, é construída idealmente uma forma altamente significativa e eloqüente.

Sentado ou deitado em estado físico perfeitamente relaxado, no qual nenhuma tensão muscular ou nervosa possa mandar uma mensagem perturbadora ao cérebro, o estudante esforça-se por imaginar que forma divina ou imagem telesmática cerca-o ou coincide com sua figura física. Às vezes, apenas alguns minutos bastam para produzir uma percepção consciente da presença, embora na maioria das vezes pelo menos uma hora de trabalho seja necessária para obter resultados valiosos. À medida que concentração e reflexão se tornam mais intensas e profundas, o corpo é vitalizado por correntes de energia e poder dinâmicos. A mente também é invadida por luz, grande intensidade de sentimento e inspiração.

O nome do deus ou arcanjo é entrementes freqüentemente vibrado. Esta vibração serve a dois fins. Primeiro, manter a mente bem concentrada na forma ideal por meio de repetição. Segundo, a vibração desperta no fundo da consciência microcósmica aquela faculdade mágica que é semelhante ou correspondente a seu poder macrocósmico. Respiração rítmica é igualmente realizada a fim de tranqüilizar mente e corpo, e abrir as partes mais sutis da natureza interior da vida onipresente que impregna tudo. Além disso, são praticadas visualizações das letras do Nome. De acordo com regras tradicionais, as letras são manipuladas pela mente como se movendo dentro das formas ou ocupando certas posições importantes sobre os pléxus ou centros nervosos principais. A totalidade desses métodos conspira para exaltar a consciência do operador, para elevar sua mente por caminhos não tortuosos ou incertos, até um plano interior mais nobre, onde há uma percepção da significativa e transcendental natureza e ser do deus.

Iniciação

Além de todos esses métodos ou, mais precisamente, combinando-se com essas técnicas, há uma fase final da Magia que só pretendo tocar brevemente – Iniciação. A necessidade e fundamento lógico deste processo dependem da capacidade postulada de um iniciado treinado para transmitir algo de sua própria iluminação e poder espiritual a um candidato, por meio de uma cerimônia. Essa transmissão magnética de poder destina-se a despertar as faculdades interiores do candidato – faculdades dormentes e obscurecidas por muitos tristes anos. Como Psellus, outro neoplatônico, observou certa vez a respeito de Magia: "Sua função é iniciar ou aperfeiçoar a alma humana pelo poder de materiais aqui na terra, pois a suprema qualidade da alma não pode por sua própria orientação aspirar às instituições mais sublimes e à compreensão da Divindade."

Como os princípios divinos do homem estão obscurecidos e latentes dentro dele, a consciência, sozinha e por si só, é incapaz de subir às distantes elevações da intimidade espiritual com a vida universal. Magia nas mãos de um mago treinado e experiente é o meio pelo qual pode ser vencido aquele eclipse da luz interior. Por meio de várias iniciações, as sementes ao despertar são lançadas dentro da alma. Mais tarde são avivadas e estimuladas até se tornarem uma chama viva ativa que clareia o cérebro, iluminando a alma e proporcionando a necessária orientação para execução do propósito de encarnação.

O número de cerimônias e sua implicação detalhada devem variar, naturalmente, com os diferentes sistemas, embora, na significação geral, todos estejam de completo acordo. Em um sistema de iniciação, que tem especial significação para mim pessoalmente, as principais cerimônias são em número de sete. A primeira delas é uma cerimônia de preparação, consagração e purificação, que leva ao nublado olhar do neófito uma vaga sugestão da luz a que ele aspira e que parece perdida na escuridão distante. A semente de luz é lançada profundamente nele por meio de sugestões incorporadas em discursos rituais, de modo que, com o tempo e a devoção ao trabalho atuando como agentes incubadores, ela possa crescer e tornar-se a árvore plenamente desenvolvida de iluminação e união divina.

As cinco cerimônias seguintes interessam-se pelo desenvolvimento daquilo que é chamado bases elementares da alma. Consciência, colocada sob a guarda da luz, precisa ser reforçada em seus aspectos elementares. Isso para que, quando a luz finalmente morar na alma do homem, o eu elementar possa ser suficientemente forte e suficientemente puro para sustentar a alma a fim de que ela suporte seguramente o pleno peso da glória divina. A princípio, isso talvez não pareça uma necessidade urgente. Mas, se nos lembrarmos das patologias do misticismo, das pessoas bem intencionadas, mas desmioladas e pouco práticas, que neste mundo estão totalmente desajustadas para a conquista da vida por uma branda espécie de experiência psico-espiritual, então a rotina mágica obtém certo grau de justificação. É em vão que se derrama o vinho dos deuses em velhos vasos rachados. Precisamos assegurar que os vasos estejam intatos e fortes, capazes de reter e não deixar escorrer o vinho derramado de cima.

Executadas as cinco cerimônias elementares e plantadas dentro da alma humana as sementes de terra, ar, água, fogo e éter divinos, o candidato está pronto para a iniciação final dessa série determinada. O ponto central dessa iniciação é a invocação do que geralmente se chama eu superior ou Santo Anjo da Guarda. Este é o núcleo central da individualidade, a raiz do inconsciente. Antes que a união com o Infinito possa ser considerada, é preciso que todo princípio da constituição humana seja unido, de modo que o homem se torne uma consciência unida e não uma série desconexa de consciências separadas e distintas. A inteligência das células físicas que formam o corpo, o princípio das emoções e sentimentos, a esfera da mente propriamente dita precisam estar unidos e ligados por uma percepção consciente da verdadeira natureza do eu que os emprega, o Gênio superior. Produzida integridade pela ação dos ritos telésticos ou iniciatórios, todo o ser humano, o homem inteiro, pode partir por aquela longa, mas incomparavelmente brilhante, estrada que leva ao fim, e também ao começo, da vida. Então e só então, é o homem capaz de perceber a significação da vida e o propósito das inumeráveis encarnações na terra. Não é mais um vago misticismo promovido e idealizado como uma covarde fuga das dificuldades e turbilhões da vida. Estes últimos, ele é agora capaz de enfrentar e, além disso, de dominar completamente, de modo que não mais o escravizem. Por nenhum laço, seja de apego ou de aversão, ele está preso aos deveres desta terra – laços que precisam de sua nova e continuada encarnação até tê-los cortado com sucesso.

Obtida liberdade através da aquisição de integridade em seu sentido verdadeiro e divino, é possível o passo mágico seguinte na evolução de reconhecimento e realização – a volta consciente do homem à luz divina da qual proveio.

3. A Significação da Magia

Vivemos hoje em um mundo de grande progresso material e engenhosidade mecânica. Por toda parte são proclamadas as vantagens sociais da comunicação mundial dada a nós por invenções modernas, como aviação, rádio e espaçonaves. O tempo parece desaparecer diante de tais coisas e o espaço reduz-se a quase nada. As pessoas na terra estão mais próximas umas das outras do que nunca antes da história registrada. Como um paradoxo, porém, simultaneamente com esse avanço sem paralelo no progresso científico, grande proporção da humanidade é supremamente miserável. Sofre os tormentos de tremenda fome porque os métodos científicos promoveram superprodução de alimentos e produtos manufaturados sem ter resolvido os problemas de distribuição. No entanto, a ciência moderna foi investida com uma natureza que originariamente não era a sua. Apesar do caos dos negócios internacionais e do temor de outra guerra catastrófica, presente na mente da maioria das pessoas, ela foi revestida de uma grandeza poderosa, quase de divindade.

Talvez seja por causa desse sentimento de insegurança e medo que surgiu tal condição, pois a psique humana é no fundo uma coisa covarde. Não suportamos ser honestos conosco mesmos, aceitando a idéia de que, enquanto formos humanos, estaremos condenados a sentir insegurança, ansiedade e inferioridade. Ao invés disso, projetamos tais temores para a vida e investimos a ciência, ou qualquer corpo de conhecimento, com um vasto potencial de eficácia, a fim de animar nosso declinante fundo de coragem. Assim, a ciência tornou-se, graças a nossa projeção, uma autoridade que dificilmente alguém se atreve a contestar. Não podemos suportar que ela seja contestada porque precisamos sentir que pelo menos neste assunto existe autoridade, conhecimento inabalável e a segurança que tanto desejamos. O fenômeno não é muito diferente daquele ocorrido há alguns séculos quando a religião, religião formal das igrejas, era o recipiente dessa obediência e respeito. Para muitas pessoas, a ciência é agora a tônica intelectual por cujos parâmetros – apesar de suas próprias neuroses e defeitos morais – todas as coisas são governadas, aceitas ou rejeitadas.

Ciência e Magia

Atividades, seja qual for sua natureza, que temporariamente não gozam do favor popular, ainda que nelas exista a esperança de progresso espiritual do mundo, ou assuntos que não têm a sanção daqueles que são os maiores luminares do mundo científico, tendem a encontrar desinteresse e grande incompreensão. Quando muita gente é introduzida na Magia, por exemplo, a primeira reação é de puro temor e horror – ou então somos recebidos com um sorriso de superioridade. A isto segue-se a réplica, que se pretende devastadora, de que Magia é sinônimo de superstição, que seus princípios foram destruídos há muito tempo e que, ademais, é anticientífica. Esta é, creio eu, a experiência da maioria das pessoas cujo principal interesse é Magia ou o que agora passa por ocultismo. Parece que, assim como suas esperanças de segurança e seu desejo de conhecimento inabalável são projetados sobre ciência, seus temores interiores e seus terrores sem rosto são projetados sobre este maltratado corpo de conhecimento tradicional, a Magia. Essa reação certamente pode ser desconcertante, a menos que se recorra imediatamente à crítica e à exigência de definição. Só por esses meios, nós, que defendemos a Magia, podemos ser ouvidos relutantemente.

Ciência é uma palavra que significa conhecimento. Conseqüentemente, qualquer corpo de conhecimento, seja qual for seu caráter – seja antigo, medieval ou moderno – é uma ciência. Tecnicamente, porém, a palavra é reservada principalmente para indicar aquela espécie de conhecimento que foi reduzida a ordem sistemática. Esta ordem é estabelecida por meio de acurada observação experimentalmente realizada durante um período de tempo, classificação do comportamento só de fenômenos naturais e dedução de leis gerais para explicar e justificar o comportamento. Sendo assim, a Magia deve igualmente reivindicar sua inclusão no âmbito do mesmo termo. O conteúdo da Magia foi observado, registrado e descrito em termos exatos durante grande período de tempo. E, embora seus fenômenos não sejam físicos, sendo quase exclusivamente psicológicos em seu efeito, são evidentemente naturais. Leis gerais também foram desenvolvidas para justificar e explicar seus fenômenos.

Definição de Magia

Definição de Magia é coisa mais difícil. Uma definição breve, que explique realmente sua natureza e descreva o campo de sua situação, parece praticamente impossível. Um dicionário define-a como "a arte de aplicar causas naturais para produzir efeitos surpreendentes". Havelock Ellis aventurou a sugestão de que ato mágico é um nome que pode ser usado para cobrir qualquer ato concebível em toda a extensão da vida. Aleister Crowley sugere que "Magia é a ciência e arte de fazer com que ocorram mudanças de acordo com a vontade". Dion Fortune modificou isso ligeiramente, acrescentando duas palavras: "mudanças na consciência". O autor medieval de *Goetia ou A Chave Menor do Rei Salomão* escreveu um prólogo para aquele livro, no qual ocorre esta passagem: "Magia é o mais elevado, o mais absoluto e o mais divino conhecimento da filosofia da Natureza... Sendo aplicados agentes verdadeiros a pacientes adequados, efeitos estranhos e admiráveis serão produzidos. Donde mágicos são profundos e diligentes pesquisadores da Natureza".

Ensinaram-nos essas definições alguma coisa de natureza precisa sobre o assunto? Pessoalmente, duvido muito. Todas elas são genéricas demais em seu alcance para tender a edificação. Deixemos, portanto, de procurar definições e consideremos antes de tudo certos aspectos ou princípios fundamentais do assunto. Em seguida, talvez possamos ter à nossa disposição material seguro e comprobatório suficiente para formular uma definição que possa transmitir a nossas mentes algo inteligível e preciso.

Na significação do termo "Magia" estão compreendidas várias técnicas completamente independentes. Talvez seja vantajoso examinar algumas dessas técnicas. Antes de fazê-lo, porém, talvez seja bom considerar uma parte da teoria subjacente. Sei que muitos dirão, à guisa de crítica a esta discussão, que não se trata de outra coisa senão psicologia primitiva – e ainda somente psicologia de auto-sugestão. Haverá um risinho sarcástico, mal disfarçado.

Contudo, essa objeção de maneira nenhuma esgota completamente o assunto. Resta ainda muito mais coisa a dizer. Não que eu sustente que na Magia o processo de auto-sugestão está ausente. Certamente está presente. Mas o que devo acentuar aqui é que está presente em forma altamente desenvolvida e elaborada. Quase faz com que a abordagem técnica de alguns de nossos pesquisadores modernos pareça pueril e não desenvolvida. Não devemos supor sequer por um momento que os inovadores e desenvolvedores dos processos mágicos do passado eram ingênuos ou tolos, desconhecedores da psicologia humana e da estrutura da própria mente, nem que se abstiveram de enfrentar muitos dos problemas psíquicos com os quais precisamos lidar hoje em dia. Muitos dos primeiros mágicos eram homens experientes e peritos, artistas e sábios, bem versados nos meios de influenciar e afetar pessoas.

Sabemos que conheciam muita coisa sobre hipnotismo e sobre a indução de estados hipnóticos. É muito provável que tenham especulado, como o fizeram inúmeros psicólogos modernos, sobre métodos técnicos para produção de estados hipnóticos sem a ajuda de uma segunda pessoa. Mas logo tiveram noção de todos os obstáculos e barreiras que obstruíam seu caminho. E esses eram muitos. Creio que na Magia eles inventaram um processo técnico altamente eficiente para vencer tais dificuldades.

O Inconsciente

Quando Coué, alguns anos atrás, estourou em nosso espantado horizonte com a espetacular fórmula "dia a dia de todas as maneiras eu estou ficando cada vez melhor", muitos acreditaram que aqui finalmente lhes era oferecido o método ideal para descer aos fatos, para poder finalmente invadir a chamada mente inconsciente. Centenas de milhares de pessoas certamente foram para a cama à noite decididas a provocar um relaxamento quase tão perfeito quanto podiam obter e tentar entrar na terra do sono, ao mesmo tempo que murmuravam sonolentamente às fórmulas mágicas vezes e vezes. Outros ouviam música em aposentos pouco iluminados, até experimentar algum sentimento de exaltação, e depois murmuravam a frase curativa, até sentir que certamente deveria ocorrer algum resultado favorável.

Não há dúvida que alguns felizardos obtiveram resultados. São, porém, poucos e muito distantes uns dos outros. Alguns deles venceram certas desvantagens de doença, de nervosismo, dos chamados defeitos de fala e de outros maneirismos, sendo assim capazes de melhorar a si próprios e suas posições no mundo da realidade. Outros foram menos afortunados – e estes representaram o maior número, a grande maioria.

Qual foi a dificuldade que impediu essas pessoas, essa grande maioria, de aplicar a fórmula mágica até obter sucesso? Por que não foram capazes de penetrar aquele véu estendido entre os vários níveis de sua mente?

Antes de responder a essas perguntas – e eu creio que a Magia realmente responde a elas – analisemos a situação um pouco mais de perto.

O inconsciente nesses sistemas de pretensa psicologia prática, metafísica e auto-sugestão é considerado um gigante adormecido. Esses sistemas sustentam que ele é um verdadeiro depósito de poder e energia. Controla toda função do corpo em todos os momentos de todos os dias e não dorme, nem se cansa. O coração bate setenta e duas vezes por minuto e a cada três ou quatro segundos nossos pulmões inalam oxigênio e exalam gás carbônico e outros detritos. O complicado e complexo processo de digestão e assimilação de alimentos que é parte integrante de nosso próprio ser, a circulação de sangue, o crescimento, desenvolvimento e multiplicação de células, a resistência orgânica à infecção – todos esses processos são concebidos como estando imediatamente sob o controle daquela porção de nossa mente da qual normalmente não temos consciência – o inconsciente.

Esta é apenas uma abordagem teórica do inconsciente. Existem outras definições de sua natureza e sua função, que excluem completamente a possibilidade prática de recorrer à sugestão ou auto-sugestão para enfrentar nossos males. Por exemplo, há a definição oferecida por Jung, com a qual em muitos sentidos eu simpatizo e que talvez valha a pena transcrever aqui. Em *O Homem Moderno à Procura de uma Alma,* Jung escreveu:

> O inconsciente do homem contém igualmente todos os padrões de vida e comportamento herdados de seus ancestrais, de modo que toda criança humana, anteriormente à consciência, é possuidora de um sistema potencial de funcionamento psíquico adaptador... Embora seja intensiva e concentrada, a consciência é transitória e é dirigida para o presente imediato e para o campo imediato de atenção; ademais, tem acesso apenas a material que representa a experiência de um indivíduo estendendo-se por algumas décadas... Mas as coisas são muito diferentes com o inconsciente. Ele não é concentrado e intensivo, mas desvanece na obscuridade; é altamente extensivo e pode justapor os elementos mais heterogêneos da maneira mais paradoxal. Mais do que isso, ele contém, além de um número indeterminável de percepções subliminares, um imenso fundo de fatores-herança acumulados, deixados por uma geração de homens após outra, cuja simples existência marca um passo na diferenciação da espécie. Se fosse permis-

sível personificar o inconsciente, nós poderíamos chamá-lo de ser humano coletivo, combinando as características de ambos os sexos, transcendendo mocidade e velhice, nascimento e morte, e, por ter sob seu comando uma experiência humana de um ou dois milhões de anos, quase imortal. Se esse ser existisse, ele seria elevado acima de todas as mudanças temporais; o presente não significaria para ele nem mais nem menos do que qualquer ano no centésimo século antes de Cristo; ele seria um sonhador de sonhos antiqüíssimos e, devido a sua imensurável experiência, seria um prognosticador incomparável. Teria vivido incontáveis vezes a vida do indivíduo, da família, da tribo e do povo; e possuiria o senso vivo do ritmo de crescimento, florescimento e decadência.

Aceita esta espécie de definição, toda idéia de sugerir idéias a esse "sonhador de sonhos antiquíssimos" pareceria completamente presunçosa. Só um simplório, vivendo uma vida intelectual e espiritual superficial, teria a audácia de dar a esse "ser" sugestões a respeito de negócios, de casamento ou de saúde. Portanto, tal conceito exclui imediatamente o emprego de sugestão, exigindo abordagens mais sofisticadas.

A Barreira Endopsíquica

Por enquanto e apenas para o propósito desta discussão, admitamos a validade do primeiro conceito do inconsciente, como sendo um titã capaz de responder a sugestões. A teoria afirma, portanto, que, se diante de algum mal corporal ou disfunção pudermos *dizer* literalmente ao inconsciente o que desejamos que seja feito, esses resultados ocorrerão em resposta a nosso desejo concentrado. Teoricamente, a teoria parece correta. Infelizmente, em primeiro lugar, ela não leva em conta que no começo da vida uma barreira impenetrável é erguida dentro da própria psique; uma barreira de inibição é construída entre o inconsciente e o eu pensante consciente – uma barreira de preconceitos, falsos conceitos morais, noções infantis, orgulho e egoísmo. Tão profunda é essa barreira blindada, que nossas tentativas de passar por cima dela, contorná-la ou atravessá-la são absolutamente impotentes. Ficamos separados de nossas raízes e não temos poder, nem capacidade de entrar em contato com o lado mais profundo, o lado instintual, o lado mais potente de nossa natureza.

Todas as várias escolas de auto-sugestão e metafísica têm teorias e técnicas diferentes sobre como vencer a barreira. Que algumas pessoas o conseguem é indiscutível. Encontramos quase todo dia um indivíduo aqui, outro acolá que são capazes de "demonstrar" – para usar a horrível palavra que eles usam tão facilmente. Esses poucos são capazes de impressionar sua mente inconsciente com certas idéias que parecem cair em campo fértil, frutificar e dar resultados. A esses não podemos desmentir – por mais que às vezes o desejemos, tão ofensiva é sua presunção, sua atitude dogmática, sua desconsideração.

Mas a grande maioria de seus sectários falha lamentavelmente. Não são, obviamente, capazes de vencer a dificuldade pelo emprego das rotinas habituais.

Estou certo de que os sábios e magos antigos conheciam esses problemas – conheciam-nos muito bem. Estou também absolutamente certo de que percebiam que a técnica por eles usada era, entre outras coisas, um processo de sugerir a si próprios uma série de idéias criativas. Mas do que estou igualmente certo é isto: eles aperfeiçoaram um método quase ideal, que se mostrava capaz de penetrar essa barreira endopsíquica até agora impenetrável. Eram capazes de chegar até esse titã aprisionado, fechado no coração de cada um de nós, e libertá-lo para que pudesse trabalhar com eles e para eles. Assim tornaram-se quase líricos em suas descrições do que podia ser realizado pelo indivíduo que empregasse suas técnicas com coragem e perseverança.

Como digo, eles conheciam a existência dessa armadura psíquica e conheciam-na muito bem. Todos os seus métodos eram dirigidos no sentido de mobilizar as forças do indivíduo, reforçar sua vontade e imaginação, a fim de que ele pudesse chegar sozinho a perceber seu parentesco, sua identidade e sua unidade com o eu inconsciente.

O que eram esses métodos, espero descrever com alguns pequenos detalhes nestas páginas. Alguns deles podem parecer-nos irracionais. Certamente são irracionais. Mas isso não é argumento para rejeitá-los sumariamente. Grande parte da própria vida é irracional. Mas cabe a nós aceitar a vida em todos os seus aspectos, racionais tanto quanto irracionais. Uma das primeiras coisas que um paciente psicanalítico aprende é este fato: que ele tem pelo menos dois lados, um racional e outro irracional. Juntos formam um eu único e distinto – sua personalidade. Se nega a existência de qualquer um deles, o paciente pratica violência contra si próprio e deve sofrer as conseqüências. Ambos esses dois fatores devem ter permissão de existir lado a lado, cada um deles afetando o outro. Dessa maneira, o indivíduo crescerá, intelectualmente, emocionalmente e espiritualmente, e todos os seus caminhos prosperarão. Com negativa, nada poderá resultar senão complicação, neurose e doença.

Esses processos irracionais que foram instituídos antigamente, como técnica dos Magos, compreendem o uso de invocação ou prece, o emprego da imaginação para formular imagens e símbolos, o emprego de senso religioso para despertar êxtase e intensidade de sentimentos, e o uso de ritmos de respiração que alteram os costumeiros padrões neurofisiológicos e assim tornam mais permeável a barreira dentro da própria mente. Tudo o que conduz à intensificação de sentimento e imaginação, que leva à instigação de um êxtase irresistível é encorajado, pois é nesse estado psicológico que as barreiras e fronteiras normais da personalidade consciente podem ser atravessadas em um tempestuoso assalto de concentração emocional.

Concentração e Emoção

É teoria antiga que o inconsciente ou os níveis mais profundos da psique podem ser alcançados principalmente por dois métodos. São eles a concentração intensa e intensidade de emoção. O primeiro é de realização extremamente difícil. Certamente há métodos pelos quais a mente pode ser treinada a concentrar-se de modo que finalmente ela própria crie um funil, por assim dizer, através do qual sugestões possam ser derramadas no inconsciente para abrir caminho das várias maneiras desejadas. Mas esses métodos são para muito poucos. Só existe um indivíduo aqui, outro acolá que tem a paciência e a invencível vontade de sentar-se sozinho por certo período durante o dia, todos os dias, e sujeitar-se a uma férrea disciplina mental.

A intensidade emocional, embora não seja fácil de cultivar, pelo menos está mais dentro dos limites e possibilidades de realização.

Foi este método que os mágicos antigos cultivaram até tornar-se uma arte muito refinada. Inventaram inúmeros meios pelos quais os hábitos fisiológicos normais podiam ser mudados e alterados, de modo a permitir essa invasão da base subjacente do eu.

Resumindo, existe a adivinhação, a arte de obter de imediato qualquer tipo desejado de informação a respeito do resultado de certas ações e acontecimentos. A chamada leitura da sorte é um abuso. O único propósito da arte é desenvolver as faculdades intuitivas do estudante a tal ponto que finalmente possam ser descartados todos os métodos técnicos de adivinhação. Depois de alcançado este estágio de desenvolvimento, a mera reflexão sobre qualquer problema evoca automaticamente, a partir do mecanismo intuitivo interior, a informação desejada com um grau de certeza e segurança que nunca poderia ser obtido senão de uma fonte psíquica interior.

Outra fase – que talvez tenha sido acentuada mais do que todas as demais – é a Magia Cerimonial em seu mais amplo sentido. Incluídos nessa expressão estão pelo menos três tipos distintos de trabalho cerimonial, todos, porém, sujeitos a um único conjunto geral de regras ou governados por uma única fórmula principal. A palavra "cerimonial" inclui rituais para iniciação, para invocação dos chamados deuses e para evocação de espíritos elementares e planetários. Há também a enorme esfera de talismãs, e sua consagração e carga. Cerimonial é provavelmente o mais ideal de todos os métodos para desenvolvimento espiritual, pois envolve a análise e subseqüente estimulação de toda faculdade e poder individuais. Seus resultados são gênio e iluminação espiritual. Mas a atitude pessoal é fator tão poderoso nesta questão, assim como na adivinhação, que embora a palavra "Arte" possa ser aplicada para cobrir sua operação, seria injusto para com a Magia denominá-la Ciência

O terceiro ramo e em certos sentidos o mais importante para meu propósito específico no momento é visão ou a técnica do Corpo de Luz. É deste último que eu tratarei exclusivamente neste ensaio, pois ele contém elementos que acredito responderem de maneira mais definida do que qualquer outro às exigências da Ciência.

Magia e a Qabalah

Ao discutir Magia, deve-se pedir perdão ao leitor se continuamente é feita referência à Qabalah. As duas estão tão entrelaçadas que é absolutamente impossível separá-las. Qabalah é teoria e filosofia. Por outro lado, Magia é a aplicação prática daquela teoria. Na Qabalah há um glifo geométrico chamado Árvore da Vida, que é realmente um mapa simbólico tanto do universo em seus principais aspectos, quanto de seu microcosmo, o homem. Sobre esse mapa são desenhados dez continentes principais, por assim dizer, ou dez campos de atividade, onde as forças constitutivas ou subjacentes do universo funcionam a suas respectivas maneiras. No homem elas são analisadas em dez facetas de consciência, dez modos de atividade espiritual. São chamadas Sephiroth.

Considerem agora comigo aquela Sephirah especial ou aspecto sutil do universo chamada *Yesod* pelos cabalistas. Traduzida como a "esfera da Fundação", ela é parte da Luz Astral – um plano omniforme de substância magnética, elétrica e ubiqua, interpenetrando e sustentando todo o mundo visível perceptível. Atua como um molde mais ou menos permanente, no qual o mundo físico é construído, com sua própria atividade e constante mudança assegurando a estabilidade desse mundo, como fator de compensação. Nesse mundo funciona a dinâmica de sentimento, desejo e emoção, e, assim como as atividades deste mundo físico são arrumadas através das modalidades de calor e frio, compressão e difusão, etc., no astral são atuantes atração e repulsão, amor e ódio.

Outra de suas funções é existir na memória da natureza, onde são automática e instantaneamente registrados todos os atos do homem e todos os fenômenos do universo, desde tempos imemoriais até o presente dia. O mago do século XIX, Eliphas Lévi, escreveu a respeito dessa Luz Astral: "Existe um agente que é natural e divino, material e espiritual, um mediador plástico universal, um receptáculo comum das vibrações de movimento e das imagens de formas, um fluido e uma força que pode ser chamada em certo sentido de Imaginação da Natureza..." E novamente ele registra a convicção de que essa é "a força misteriosa cujo equilíbrio é vida social, progresso, civilização, e cuja perturbação é anarquia, revolução, barbarismo, de cujo caos finalmente se desenvolve um novo equilíbrio, o cosmos de uma nova ordem, quando outra pomba paira sobre as águas enegrecidas e agitadas."

A Luz Astral e o Inconsciente Coletivo

É interessante voltar os olhos desse conceito teúrgico para um conceito psicológico que não é muito diferente dele. O parágrafo seguinte é mais ou menos uma paráfrase das idéias de Jung a esse respeito, extraídas de um seu ensaio intitulado *Psicologia Analítica e Weltanschauung*. É uma extensão das idéias anteriormente citadas. Jung define-o em primeiro lugar como o depósito controlador de tudo, depósito de experiência ancestral de incontáveis milhões de anos, eco de acontecimentos do mundo pré-histórico ao qual cada século acrescenta uma quantidade infinitesimalmente pequena de variação e diferenciação. Por ser em última análise um depósito de acontecimentos mundiais que encontra expressão no cérebro e na estrutura do nervo simpático, ele se torna, em sua totalidade, uma espécie de imagem imemorial do mundo, com certo aspecto de eternidade oposto à nossa momentaneidade, imagem consciente do mundo. Tem energia peculiar a si próprio, independente de consciência, por meio da qual são produzidos da psique efeitos que influenciam todos nós mais poderosamente a partir das regiões escuras do interior. Essas influências permanecem invisíveis a todos quantos deixam de submeter a imagem transiente do mundo a adequada crítica e que por isso ainda estão ocultas deles. Que o mundo tem não apenas um aspecto exterior, mas também um aspecto interior, e que este é não apenas externamente visível, mas também atua poderosamente sobre nós em um presente sem tempo, a partir da mais profunda e mais subjetiva região interior da psique – isto Jung sustenta ser uma forma de conhecimento que, independentemente do fato de ser sabedoria antiga, merece ser avaliada como fator novo na formação de uma visão filosófica do mundo. Sugiro, portanto, que aquilo que os mágicos entendem por Luz Astral é, em última análise, idêntico ao Inconsciente Coletivo da psicologia moderna.

Por meio da tradicional técnica teúrgica é possível estabelecer conscientemente contato com esse plano, experimentar sua vida e influência, conversar com seus habitantes elementares e angélicos, e retornar aqui para consciência normal com completa percepção e memória daquela experiência. Isto, naturalmente, exige treinamento. Mas o mesmo acontece em qualquer departamento da ciência. Preparação intensiva é necessária a fim de habilitar alguém para observação crítica, fornecer a alguém o alfabeto científico específico indispensável a seu estudo e informar alguém sobre as pesquisas de seus predecessores naquele reino. Não se deve esperar menos da Magia – embora com muita freqüência sejam esperados resultados sem a devida preparação. Qualquer um até mesmo com a mais ligeira imaginação visual pode ser treinado para lidar com a técnica mágica elementar pela qual uma pessoa é capacitada a explorar os aspectos mais sutis da vida e do universo. Transcender este "mundo multicolorido" e conseguir admissão nos reinos mais elevados da alma e do espírito é coisa completamente diferente, exigindo da pessoa outras faculdades e outros poderes, particularmente ardente devoção e intensa aspiração ao mais alto.

Mas por este último não estou interessado no momento, embora seja o coração pulsante e o aspecto mais importante da Teurgia. É do aspecto científico da Magia, seu aspecto mais facilmente verificável, que tratarei agora. Em outro lugar, eu dei como atribuições ou associações tradicionais da esfera em questão os seguintes símbolos: diz-se que seu planeta é a lua, seu elemento ar, seu número nove, sua cor púrpura – e também prata em outra escala. A pérola e a pedra lunar são suas jóias, aloés é seu perfume, e seu chamado nome divino é *Shaddai El Chai*. O arcanjo atribuído a ela é Gabriel, seu coro de anjos são os quatro Querubins que governam os elementos e seus símbolos geomânticos são Populus e Via. Os símbolos do Tarô pertencentes a esta esfera são as cartas de cada um dos quatro naipes com o número IX, e estreitamente associada a ela está também a vigésima-primeira carta de trunfo intitulada "O Mundo". Nela encontramos retratada uma forma feminina cercada por um festão verde. Realmente a carta de trunfo é atribuída ao trigésimo-segundo caminho de Saturno, que liga a planície material a *Yesod*. Mas como são obtidos esses símbolos e nomes? Qual é a sua origem? E por que são eles chamados atribuições ou correspondências da Sephirah denominada Fundação?

Antes de tudo, meditação revelará que todos têm uma harmonia e afinidade naturais entre si – talvez não percebidas à primeira vista. Por exemplo, a lua é, para nós, o planeta que se move mais rápido e percorre todos os doze signos do zodíaco em cerca de vinte e oito dias. A idéia de mudança rápida está implícita, revelando o conceito de que o astral, embora um depósito eterno e imemorial de acontecimentos mundiais, é apesar disso a origem de mutações e alterações que influenciam posteriormente o mundo físico – da mesma maneira que impulso e pensamento devem preceder qualquer ação. Seu elemento é ar, um meio sutil que impregna tudo, comparável à própria luz astral – meio sem o qual a vida é impossível. Nove é o fim de todos os números, contendo em sua soma os números precedentes. Permanece sempre ele mesmo quando acrescentado, multiplicado ou subtraído, sugerindo a natureza fundamental, abrangente e autosustentadora do reino.

Ainda mais importante, porém, do ponto de vista científico é que são coisas, nomes e símbolos efetivamente percebidos naquela esfera pela visão-espírito. Como prova sólida, podem ser citadas numerosas visões e viagens astrais conseguidas por diferentes pessoas em diferentes lugares e em diferentes tempos, nas quais todos os símbolos tradicionais aparecem de forma dinâmica e curiosamente dramática e vital.

Verificação Experimental

Magia, já foi observado, é um sistema prático e todas as partes foram idealizadas para experiência. Cada parte é suscetível de verificação empregando-se os métodos apropriados. Cada estudante pode verificar por si próprio e assim descobrir as realidades de sua própria natureza divina, tanto quanto do universo dentro e fora dele, independentemente do que qualquer outro homem possa ter escrito em livros. Nós pedimos que sejam feitas experiências; exigimos mesmo, para o bem da humanidade. Convidamos o estudante sério e sincero a experimentar por si mesmo, com aquela técnica descrita no capítulo dez de meu livro *The Tree of Life*, e depois comparar seus resultados, a viagem a qualquer caminho ou Sephirah, com as correspondências brevemente delineadas em meu outro trabalho, *A Garden of Pomegranates*, ou no livro de Dion Fortune, *The Mystical Qabalah*. Com a maior confiança eu digo que cem jornadas astrais realizadas daquela maneira corresponderão em todos os casos com os principais símbolos, nomes, números e idéias registrados nos diversos livros da Qabalah.

Permitam-me citar do registro de um colega duas iluminadoras passagens que ilustram o que pretendo dizer. A seguinte é uma "visão" ou sonho em vigília – uma fantasia do chamado trigésimo-segundo caminho.

> Descemos pela larga estrada cor de anil. O céu noturno estava nublado – sem estrelas. A estrada era elevada acima do nível geral do terreno. Havia de cada lado um canal, além do qual podíamos ver as luzes do que parecia ser uma grande cidade. Avançamos assim por uma longa distância, mas depois notei, à distância, uma minúscula figura de mulher, como uma miniatura – ela parecia estar nua, mas quando se aproximou, eu vi um xale flutuando à sua volta. Ela tinha na cabeça uma coroa de estrelas e em suas mãos havia duas varinhas. Veio em nossa direção muito rapidamente e eu fitei fascinado um colar de pérolas que se estendia de seu pescoço até seus joelhos – e, fitando, descobri que havíamos passado através do círculo de pérolas e que ela desaparecera!

O estudante de Qabalah que tenha mesmo apenas ligeiro conhecimento do simbolismo do Tarô reconhecerá aqui o vigésimo-primeiro Atu de "O Mundo", o caminho atribuído a Saturno, ligando o mundo físico ao astral. Provavelmente ficará muito surpreendido ao saber que os símbolos contidos nessas cartas representam realidades dinâmicas e excessivamente vitais. Mas eu devo passar para uma breve descrição da entrada no *Yesod*.

> Agora o céu está claro e cravejado de estrelas... uma grande lua cheia, amarela, ergue-se vagarosamente pelo céu em um arco completo... e nós vimos o luar brilhando sobre as altas muralhas roxas e uma cidade... Não perdemos tempo olhando em volta, mas marchamos rapidamente para o centro da cidade, até um espaço aberto, no meio do qual havia um templo redondo como uma bola de prata. A ele se chegava por nove degraus e ele repousava sobre uma plataforma prateada. Tinha quatro portas. Diante de

cada uma havia um grande anjo de asas prateadas... Dentro, nos encontramos em um lugar muito arejado. Brisas ligeiras levantavam nossas roupas e nossos cabelos – o interior era muito branco e prateado claro – sem cores. Suspenso no centro havia um grande globo, semelhante à própria lua... Enquanto olhávamos, vimos que o globo não estava suspenso no ar; repousava sobre imensas mãos em concha. Seguimos os braços e vimos, lá no alto perto do teto, profundos olhos pretos olhando para baixo, pretos como o céu noturno. E uma voz disse...

De pouco adiantaria continuar com o resto da citação. Esta passagem é apresentada aqui exclusivamente para que o leitor possa reportar-se à descrição do plano astral nos manuais e depois à reaparição nessa visão dos símbolos principais e à forma dinâmica de dramatização. Que o estudante preste muita atenção à presença dos números, cores e atribuições planetárias corretas e, acima de tudo, à sugestão de quanto conhecimento valioso pode ser adquirido. Observe as quatro portas do templo – representando os quatro principais elementos, fogo, água, ar e terra. Pois esse mundo astral é também relacionado com éter (do qual o elemento ar é um substituto), o quinto elemento que quintessencia os elementos inferiores e de cujo templo os outros elementos são apenas portas.

Suspenso no centro do templo havia um globo, possivelmente símbolo do elemento ar, que no sistema tattwa hindu é representado por uma esfera azul. Diante de cada uma das portas havia um anjo. Esses são os quatro anjos querubínicos, os vice-regentes dos quatro pontos cardeais e elementos que governam o mundo elementar determinado sob o domínio de uma das letras do Tetragrammaton. Possivelmente são representações da delimitação psíquica interior da área espacial da alma, por assim dizer, cuja ausência indicaria uma doentia difusão ou descentralização da consciência. Os quatro pontos cardeais de espaço seriam igualmente representados por essas quatro figuras angélicas – concretizações também do duplo jogo dos opostos morais. Leste é oposto a oeste e norte é oposto a sul, enquanto a cada um desses pontos é atribuída alguma qualidade moral ou função psíquica determinada. A sensação de estar em um lugar arejado com brisas ligeiras mostra a atribuição formal do ar – uma curiosa confirmação da dualidade de significação implícita em *pneuma*, vento e espírito, dualidade que ocorre não apenas na língua grega, mas no hebraico, no árabe e em uma porção de línguas primitivas.

A Realidade da Magia

Indivíduo após indivíduo foi treinado independentemente para visitar essas outras *Sephiroth*. Embora cada visão seja um tanto diferente, em detalhe e forma, do que foi aqui citado, ainda assim existe surpreendente unanimidade no que se refere aos aspectos simbólicos essenciais. Isto constitui prova científica definitiva da suprema realidade do mundo da Magia e demonstra a possibilidade de experiência e pesquisa pessoais. A pesquisa científica é possível nesse mundo de realidades astrais e inconscientes, porque elas são coisas afetivas, isto é, influências objetivas que atuam e influenciam a humanidade. Esta esfera é o depósito da experiência mundial de todos os tempos e é, portanto, uma imagem do mundo que se vem formando durante séculos, imagem em que certos aspectos, os chamados dominantes, foram elaborados no curso do tempo. Esses dominantes são os poderes governantes, os deuses, arcanjos e anjos – isto é, representações das leis e princípios dominantes que funcionam no cosmo. E como é um mundo que funciona na estrutura cerebral e no sistema nervoso simpático de cada indivíduo, é um mundo que está aberto a todos quantos desejam vencer o medo que séculos de má educação projetaram sobre eles e a descobrir de novo por si próprios a realidade de seus impulsos e influências dinâmicas.

Com pouco engenho, é possível realizar provas específicas com o objetivo de testar a relação entre símbolos geométricos, a visão daí obtida por meio do corpo de técnica e as correspondências dessas figuras registradas nos livros apropriados. Foi escrito que os vários elementos – fogo, água, espírito, ar e terra – são atribuídos aos cinco pontos do Pentagrama. Dependendo inteiramente da direção em que as linhas são traçadas, a figura invocará ou banirá os seres pertencentes àquele elemento. Por exemplo, se o estudante traça o invocador Pentagrama de Fogo em cada um dos quatro pontos cardeais e depois emprega a sensível vista do Corpo de Luz anteriormente cultivada, ele verá aparecer quase imediatamente os cinco elementos ou Salamandras, os componentes ígneos personalizados de sua própria psique. O traçado do banidor Pentágono de Fogo fará com que eles literalmente fujam sem hesitação, caindo no reino inconsciente a que pertencem e de onde foram chamados.

Ou então que o estudante faça essa experiência na presença de um clarividente de confiança, não mencionando que figuras estão sendo traçadas. Os resultados serão altamente esclarecedores. Sei que pode ser levantada alguma objeção, tendo como resposta imediata "telepatia". Mas até onde posso ver, a resposta levanta problemas muito mais obscuros do que o fundamento lógico com que é feita a objeção. Isso porque telepatia certamente exige explicação em linhas científicas e dignas de confiança – muito difícil nesta altura do jogo. Esses e numerosos outros testes rigorosos constituem experiência científica definida e precisa, de natureza significativa e altamente autorizada.

No sentido de que várias pessoas podem percorrer certos caminhos e lá sofrer experiências nas quais os aspectos essenciais são idênticos ou nas quais os dominantes psíquicos coincidem, a Magia pode ser aceita como uma ciência definida e coerente. É precisa e exata. Magia é o registro acumulado de experiência psíquica e espiritual que herdamos do passado, de gerações anteriores da humanidade.

Por outro lado, é claro que cada uma dessas visões diferencia-se materialmente quanto ao contexto, isto é, o senso dramático. O contexto, ato e cena por assim dizer, depende inteiramente da idiossincrasia pessoal, integridade intelectual e capacidade espiritual de descobrir e absorver a verdade, seja ela penosa ou não ao ego. Onde o elemento pessoal entra tão poderosamente como aqui, a aventura deve ser rotulada de arte. Imaginação criativa será usada em uma pessoa para formular, com um conjunto convencional estabelecido de símbolos, toda uma fileira de incidentes e experiências – iluminando e tendendo à expansão de sua consciência – que para a visão de uma pessoa simples e sem imaginação ocorreria em forma muito mais simples e banal.

Pessoas sofisticadas, com conhecimento superficial da psicologia moderna, provavelmente pressupõem que Magia nada mais revela do que as profundezas ocultas do inconsciente. Dirão que essas viagens são comparáveis a experiências de sono relacionadas com o poder atuante e dramatizador da mente subconsciente. Que diferença faz se o cabalista deu a essa esfera ou tipo de consciência a denominação de Fundação ou Mundo Astral e os modernos chamam-no de "inconsciente"? Os termos são cognatos e os símbolos intercambiáveis: ambos significam a mesma coisa, quando tudo é levado em consideração. Se a magia possui armas que são mais penetrantes e incisivas do que as científicas, devemos rejeitá-las porque magia é a casa desacreditada onde estão guardadas? Se métodos mágicos revelam nossos eus secretos mais diretamente e abrem o vasto depósito de sabedoria e poder dentro de nossas almas, mostrando-nos como controlá-las de maneira que nem a psicanálise nem qualquer ciência moderna conseguiu fazer, devemos cometer a tolice de rejeitar seus benefícios?

Magia é um método científico. É uma técnica válida. Sua abordagem do universo e do segredo da significação da vida é legítima. Se nos ajuda a familiarizarmo-nos mais com o que *realmente* somos, é uma ciência – e uma ciência muito importante. E para os cientistas, sejam psicólogos ou físicos, abre um universo inteiramente novo de tremenda largura e profundidade. Se consegue fazer de nós homens e mulheres melhores, um pouco mais bondosos e generosos, um pouco mais cônscios das alturas espirituais a que somos capazes de chegar apenas com pequeno esforço, então é a religião das religiões. E se nos impele a maiores esforços a fim de tornar a vida e o viver mais belos e inteligíveis, se nos torna mais ansiosos por eliminar feiúra, sofrimento e ignóbil miséria, certamente é uma arte diante da qual todas as outras Musas devem curvar a cabeça e dobrar os joelhos em louvor reverente e perene!

2. UMA CARTILHA CABALÍSTICA

1. GUIA DO LEIGO PARA A ÁRVORE DA VIDA

A Qabalah é um sistema arcaico de misticismo judaico. S. L. MacGregor Mathers, em sua erudita introdução sobre o assunto, escreveu há muitos anos que as principais doutrinas da Qabalah eram destinadas a resolver os seguintes problemas:

1. O Ser Supremo. Sua natureza e seus atributos.
2. Cosmogonia.
3. A criação dos anjos e do homem.
4. O destino do homem e dos anjos.
5. A natureza da alma.
6. A natureza dos anjos, demônios e elementos.
7. A importância da lei revelada.
8. O simbolismo transcendental dos números.
9. Os mistérios peculiares contidos nas letras hebraicas.
10. O equilíbrio de contrários.

Christian Ginsburg, Doutor em Direito, um crítico hostil que viveu uns cinqüenta anos atrás, desejava diferenciar entre misticismo judaico, de um lado, e a Qabalah, do outro. Sua atitude sem simpatia baseava-se na estreiteza do chamado racionalismo do século XIX.

Essa atitude foi posteriormente abandonada nas ciências, assim como no estudo do misticismo.

Que o intransigente ponto de vista de Ginsburg não é mais válido é fortemente acentuado por um dos mais incisivos de todos os estudiosos hebraicos modernos, Gershom G. Scholem. Em seu magistral trabalho, *The Kaballah and its Symbolism,* declara simplesmente que Qabalah significa literalmente "tradição". Como tal, é a tradição de coisas divinas, uma tradição esotérica. Assim, é a soma do misticismo judaico.

Ele prossegue acrescentando que a Qabalah tem uma longa história, muito mais longa e mais estável do que até agora se suspeitava. Durante séculos exerceu profunda influência religiosa e filosófica sobre aqueles do povo judeu que estavam desejosos de aprofundar seu conhecimento sobre as formas e concepções mais prosaicas do judaísmo. Para ele e muitos outros estudiosos como ele, portanto, a crítica de Ginsburg é inteiramente sem significação, não tendo raízes em fato histórico.

Comentários e Traduções

A Qabalah não é um livro determinado, como alguns leigos erroneamente presumem. É uma literatura – uma vasta literatura, da qual grande parte pertence à Idade Média e um pouco a períodos gnósticos anteriores. A maior parte dela ainda permanece em hebraico e aramaico. Durante o renascimento místico do século XVIII na Polônia e Europa Central, o Período Clássico, a literatura passou por expansão, reinterpretação e republicação. Um pouco foi traduzido para o alemão. Menos ainda apareceu em inglês. Muita coisa ainda precisa ser traduzida para o inglês a fim de completar nosso conhecimento totalmente inadequado.

Apenas alguns de seus principais clássicos podem ser encontrados atualmente. Por exemplo, o *Zohar,* traduzido por Sperling e Simon, foi originariamente publicado na década de 1930 pela Soncino Press na Inglaterra. O *Sepher Yetzirah,* muito menor, há muito tempo pode ser obtido em várias traduções diferentes. Seu tamanho minúsculo fez de sua tradução tarefa muito menos formidável que a do *Zohar*.

Alguns poucos comentários e livros sobre diferentes aspectos dessa literatura foram traduzidos ou escritos em inglês. Grande parte deste último material, de maneira bastante interessante, foi feita por não-judeus, que são estudantes místicos e ocultistas. Tendo achado a Qabalah útil e interessante, eles não tentaram, porém, usá-la como recurso técnico para converter o povo de Israel inteiramente para Cristo – como fora tentado antes. Grande parte desse trabalho mais recente, relacionado no final deste ensaio, é de nível muito alto, tanto do ponto de vista literário quanto do didático, e provavelmente sobreviverá por longo tempo.

Como misticismo judaico, a Qabalah é naturalmente muito judaica. Alguns livros da Qabalah não apenas desenvolvem teorias e explanações sectárias baseadas na antiga exegese rabínica de textos do Velho Testamento e da crença e história hebraicas, mas diferem da maioria dos outros sistemas de misticismo por extenso desenvolvimento do tema do "povo eleito", elevando-o a uma espécie de fato cosmicamente determinado.

Esta abordagem pode não ser necessariamente tão atraente hoje para muitos de nós, cristãos ou judeus. Sentimos pouca necessidade do contexto e conteúdo formais de religião institucionalizada de qualquer seita ou denominação.

A Árvore da Vida

A base fundamental da Qabalah, do ponto de vista moderno, repousa não em especulações místicas sobre criação, escatologia, o Messias, o Sabá e assim por diante – mas sobre "A Árvore da Vida". Esta é uma simples estrutura teórica e matemática baseada em uma idéia de arquivo.

Esta possibilidade essencialmente iluminadora foi de fato estabelecida no *Sepher Yetzirah*. Ali, certas idéias são sistematicamente atribuídas ao sistema básico de números de um a dez. Além disso, cada uma das vinte e duas letras do alfabeto hebraico é trabalhada do mesmo jeito – idéia muito inteligente, quando se lembra que as letras hebraicas são, ao mesmo tempo, números. A soma total dos dez números e das vinte e duas letras forma os trinta e dois Caminhos de Sabedoria, como são chamados, e representa a "Árvore da Vida".

A cada um desses Caminhos, o antigo *Livro de Formação* atribui planetas, signos zodiacais, nomes divinos, elementos, direções no espaço, etc. Isto é feito de modo a formular os rudimentos de um sistema de arquivo. Posteriormente, gerações de estudiosos e estudantes, empregando esse sistema básico, acrescentaram uma complexa série de dados adicionais. Nela se incluem informações da mitologia grega e egípcia, material meditativo derivado do Tarô, informação baseada em experiência mística (visionárias e extáticas), um conglomerado de sons, cheiros e cores – perfumes, jóias e, significativamente, também dados científicos modernos. Disso resultou um sincretismo significativo.

A Organização de Conhecimento

A mistura toda serve assim como um meio adicional para classificar todo conhecimento. Serve para organizar o conteúdo da mente e para proporcionar um mecanismo de unificação de todos os sistemas de qualquer espécie. Assim, em última análise, permite-nos reduzir todos os tipos e espécies de conhecimento à unidade. E assim retornamos ao coração, não simplesmente da Qabalah judaica, mas de todo o misticismo: "Pois eu Te descobri igualmente em Mim e em Ti; não existe diferença, ó meu belo, meu desejável Um! No Um e nos Muitos eu Te descobri; sim, eu Te descobri."

Uma vez compreendida sua potencialidade, essa idéia raiz pode ser infinitamente mais importante, significativa e útil do que qualquer teoria quase-mística de cosmogênese ou antropogênese. É muito mais produtiva e vastamente mais criativa do que hipóteses esotéricas sobre as razões pelas quais os judeus foram selecionados como o povo eleito, sobre o que aconteceu no céu durante o Exílio ou como o Messias chorou nas alturas ao saber das privações e tristezas do povo disperso de Israel. Qualquer psicologia arcaica, cristologia ou teologia passa a ser de pequena importância, quando colocada na Árvore e percebida em relação a outros dados de sistemas esotéricos semelhantes.

O assunto da Qabalah é tão vasto que, a fim de lidar com ele de maneira mais inteligente, deve ser feita uma divisão arbitrária de seu conteúdo material em quatro segmentos específicos. Devemos lembrar o tempo todo, porém, que essa divisão é inteiramente arbitrária e feita apenas para nossa conveniência. Cada seção é realmente desprovida de linha divisória, derramando-se em todas as demais seções e espalhando-se por elas.

1. *Comparativa*. Usando-se a Árvore da Vida como estrutura matemática, uma ciência de religião e misticismo comparados é colocada dentro dos limites da possibilidade. Pode ser empregada para aumentar o conhecimento, relacionando um conjunto de conceitos conhecidos com outros de um sistema muito diferente e distante, reduzindo assim os muitos a Um. O presente ensaio cuida exclusivamente de uma introdução elementar desse tema.

2. *Doutrinária*. Consiste esta em uma exposição místico-teológica de alguns dos grandes problemas que sempre preocuparam a humanidade. A Qabalah tradicional tem seus próprios e únicos pontos de vista. Duvido, porém, que ela tenha muita validade no mundo de hoje. Ainda assim, é uma atitude crítica e como tal deve ser respeitada e comparada com outros sistemas esotéricos.

3. *Teúrgica*. Esta é também chamada a tradição da Qabalah mágica ou operadora de maravilhas. Está fortemente enraizada nas tradições esotéricas relacionadas com a Árvore da Vida, que tem suas raízes na vida divina e secreta de Deus. Com efeito, toda teoria e prática giram em torno do "caminho de retorno" à Divindade, da qual o homem se alienou. As interpretações mais modernas de processos técnicos e metodologia são muito diferentes e muito superiores ao ponto de vista especificamente judeu mais antigo. É de fato uma abordagem mais universal e eclética, enraizada naquele curioso fenômeno do último século, o gênio da Ordem Hermética da Aurora Dourada.

4. *Exegética*. Alguns contemporâneos que não conhecem hebraico e que não receberam instrução ou disciplina sobre tais aspectos da Qabalah, escreveram tolamente que esses métodos não têm importância. Isto deve ser entendido meramente como uma franca con-

fissão de sua própria falta de experiência e conhecimento. O principiante que adquiriu até mesmo pequena facilidade no uso dessas técnicas ou exegeses abre-se a visões interiores fantásticas, que são, à sua maneira, experiências místicas relevantes.

Esta última, a percepção do universo como sendo divino, como sendo o corpo de Deus inteiro que inclui todos os homens e todas as formas de vida em sua vastidão, é a meta de *todo* misticismo. Se a abordagem técnica puder levar a essa meta última, seu emprego não deve ser escarnecido ou menosprezado.

As Dez Sephiroth

O aspecto principal da Árvore da Vida, quando começamos a examiná-la de perto, é revelado como um sistema de dez *Sephiroth* ou emanações divinas, dividido em três colunas. Existe uma coluna à direita e outra à esquerda, com três Sephiroth cada uma, e uma coluna no meio, com quatro Sephiroth. A da direita é chamada Coluna da Misericórdia; e da esquerda, Coluna da Severidade – protótipos das colunas maçônicas de *Yachin* e *Boaz*. Uma delas é masculina, a outra é feminina; uma é positiva, a outra é negativa. Uma é branca, a outra é preta. E assim por diante – no eterno jogo dos opostos. "Lembre-se que força desequilibrada é mal, severidade desequilibrada não é senão crueldade e opressão, mas também que misericórdia desequilibrada é fraqueza que permite e favorece o mal".

Assim, a Qabalah dá ênfase a um caminho do meio entre os dois opostos, indicando a imemorial necessidade de evitar os extremos. Essa atitude é também encontrada na filosofia hindu, no budismo e, em termos modernos, é uma das principais metas da psicologia junguiana.

Os extremos são atitudes espirituais e psicológicas unilaterais, que só podem levar à total desintegração do espírito humano. Apontam para a necessidade da união dos dois opostos em uma nova e superior integridade.

A Coluna do Meio torna-se assim simbólica do "caminho de retorno", o caminho da redenção, por assim dizer. Um vasto sistema de teoria esotérica e prática mágica foi erguido sobre essas estruturas.

Os Quatro Mundos

Outra maneira de olhar a Árvore é através dos quatro mundos. Esses níveis são conhecidos como *Atziluth*, o Mundo Arquetípico; *Briah*, o Mundo Criativo; *Yetzirah*, o Mundo Formativo, e *Assiah*, o Mundo de Ação, o Mundo Material. Estes, por sua vez, são atribuídos às quatro letras do nome divino, freqüentemente referido como Tetragrammaton, que significa simplesmente o nome de quatro letras, YHVH. Este não se refere simplesmente ao Jeová do Velho Testamento, que parece ter sido uma velha divindade tutelar, provinciana, racial e irascível, mas a força criativa básica em ação do *Ain Soph*, o Infinito. O velho nome é conservado, mas recebe uma interpretação inteiramente nova e ampla.

Y é *Yod*, atribuído ao elemento fogo, e é chamado o Pai; é o arquétipo de todas as coisas e a área, por assim dizer, de Deus e seu divino nome. H, *Heh*, o primeiro H do Tetragrammaton, é a Mãe, referida como o elemento água, o mundo criativo onde as forças arcangélicas dominam e funcionam, levando para fora os impulsos criativos recebidos do alto. V é *Vau*, o Filho, relacionado ao elemento ar e o Mundo Formativo, onde as forças angélicas modelam e formam os protótipos de todas as coisas sobre a base imaginativa anteriormente estabelecida. O H final, *Heh*, é relacionado à Filha, o elemento terra, onde todos os fatores intrínsecos das forças criativas superiores são incorporados.

Tudo é Deus e Sua energia criativa, do mais alto ao mais baixo – pois nada existe que não seja Deus. Somente as limitações de nossa estrutura sensória nos impedem de perceber que vivemos, nos movimentamos e temos nosso ser na Divindade, aqui e agora.

Westcott afirma que "o Homem é ainda a cópia de Deus na terra; sua forma é relacionada com o Tetragrammaton de Jeová, YHVH, pois em um diagrama, *Yod* é como a cabeça, *Heh*, os braços, *Vau* o corpo e o H final, *Heh*, os membros inferiores."

O Pentagrammaton

Uma das letras do alfabeto hebraico é *Shin*. No *Livro da Formação*, é dada a ela a atribuição de fogo e, por outro processo matemático, ela se torna o símbolo do Espírito Santo. A tradição abona a inserção dessa letra no meio do Nome de quatro letras, dividindo-o e assim formando YHshVH, o Pentagrammaton ou Nome de cinco letras. Esta combinação de letras representa a iluminação do homem elementar ou natural pela descida e impacto do Espírito Santo. Assim formado, o nome representa o Deus-homem, simbolizado no Cristianismo por Cristo descendo sobre o homem Jesus. Jesus, por este simbolismo, representa o homem natural que, por devoção e meditação e pelo processo teúrgico, abre sua natureza humana à brilhante descida da Luz.

É esta iluminação que todos os homens estão destinados a gozar em um tempo muito distante na evolução humana. É isto que separa o homem *qua* do homem-Deus, meta de todo misticismo. Todas as técnicas místicas, inclusive aquelas da Qabalah, representam um método de apressar o lento e tedioso processo de evolução humana, de modo que os estados de consciência que, conforme nos dizem, ocorrerão finalmente de maneira rotineira da humanidade, possam despontar hoje.

Os dez dígitos ou dados do arquivo da Árvore da Vida são a múltipla expressão de divindade concebida como o poder criativo da Luz Primária. Isto é chamado *Ain Soph* – o Infinito, servindo como absoluto, desconhecido e incognoscível terreno divino do Ser. É nesse Nada que a criação ocorre, criação em Sua essência e a partir dela, descendo e subindo em vários graus de clareza ou obscuridade (somente para nós), resultando no aparecimento de diversas emanações, que são chamadas *Sephiroth*.

Incidentalmente, esta palavra *Sephiroth* é a forma plural feminina da palavra *Sephirah*. No *Livro da Formação*, a palavra *Sephiroth* é variadamente traduzida como números, letras e sons. A criação é concebida como um ato mágico divino simbolizado pelo emprego das letras do alfabeto hebraico. Estas letras não são meramente símbolos de força mágica; *são* as forças criativas do universo. Este fato presumido está por baixo de todo o processo ritual e teúrgico mágico. Como diz um dos rituais da Aurora Dourada: "Por nomes e imagens todos os poderes são despertados e redespertados." Ação ritual não representa apenas simbolicamente a vida divina; evoca a força espiritual interior manifestada em símbolos concretos.

Devo acentuar aqui que este é apenas um tratado elementar e sugestivo. Não é feita a menor tentativa de seguir um padrão ordenado de exposição. É essencialmente uma espécie de livre associação que eu estou seguindo. Quando puder acompanhar esta exposição simples e desconexa sem muita dificuldade, o estudante poderá voltar-se com confiança para algumas das mais sistemáticas e complexas delineações do sistema.

Kether

A primeira *Sephirah* é conhecida como *Kether,* a Coroa, e representa uma concentração de energia-luz dentro da infinidade do *Ain Soph.* A teoria cabalística sustenta que, a partir da Luz Infinita, o impulso criativo prosseguiu em um lampejo de luz radiante (*Zohar*). Isto liberou os poderes criativos do Infinito, resultando em um ponto ou foco de potencialidade e desenvolvimento multifacetados. Além de Coroa, é também conhecido como Ponto Liso, Macroprosopus ou Grande Face e uma legião de outras imagens e nomes simbólicos, e é a primeira *Sephirah* ou a *Sephirah* de abertura da Árvore.

Em outras mitologias é representada por Amoun, "O Oculto" e o "Abridor do Dia", assim como por Ptah, o oleiro divino que forma todas as coisas em sua roda giratória. Uma das várias atribuições de *Kether* é *Raysheeth ha-gilgoleem,* o primeiro ato de rodar ou girar – como que a sugerir os primeiros movimentos espirais da nebulosa. Todos os começos, todas as sementes, de todas as coisas representadas por Um, encontram seu lugar nesta parte do arquivo. Um dos professores ocultistas americanos realmente grande, embora menos conhecido, define isso como "O poder de ser consciente", frase muito eloqüente.

Outra de suas numerosas associações é Metatron, o Anjo da Presença, que, afirma a mitologia antiga, foi transformado em uma chama faiscante. Sabemos pela Bíblia que Deus é fogo ardente. Contudo, outra atribuição é o coro de anjos conhecido como *Chayoth ha-Qadesh,* traduzido como as Sagradas Criaturas Vivas. Esses são os quatro Seres Querúbicos vistos por Ezequiel em sua visão. A abertura do Livro de Ezequiel merece releitura nesta conjuntura.

A visão do profeta do Senhor, viajando no carro de fogo das Sagradas Criaturas Vivas, acompanhado por visões e vozes supremas, movimentos e convulsões da terra – tudo isso fora do alcance das experiências espirituais da maioria das outras personalidades bíblicas – era para o cabalista uma verdadeira abertura para os reinos superiores. Representava um desvendamento dos segredos mais íntimos e impenetráveis encerrados na inter-relação recém-revelada entre o homem e Deus. Era mesmo interpretada como uma espécie de auto-desvendamento divino, uma inefável experiência mística da maior magnitude. Os cabalistas consideravam que a porta do além estava escancarada para que o indivíduo devidamente preparado, a convite direto de Deus, pudesse subir, como que em um chamejante Pégaso e carro, até a vida espiritual secreta que durante tanto tempo se esforçara por atingir.

O carro (o *Merkabah*) era assim um "caminho místico" que levava às verdadeiras alturas da Árvore da Vida, até a Coroa de tudo. Consideravam-no um veículo por meio do qual o cabalista era levado diretamente a um encontro face a face com sua mais alta divindade. O objetivo do aspirante a místico era, por isso, ser "passageiro do *Merkabah*" a fim de que lhe fosse permitido, ainda enquanto encarnado como ser humano, subir ao seu eldorado espiritual. Iluminação era assim a significação de todos os simbolismos do "carro".

Chokmah

Chokmah, ou Sabedoria, é o nome da segunda emanação ou manifestação. É mencionada acima de todas as representações da dualidade primária, como paternidade, virilidade, sabedoria, o pólo positivo – todas essas associações estão aqui representadas. Há arcanjos e anjos atribuídos a cada uma dessas *Sephiroth,* representando a emergência de formas ou tipos diferentes de poder e intenção criativos divinos.

Diz-se que o nome divino usado no Velho Testamento era *Yah*. O arcanjo é Ratziel, o Mistério de Deus, enquanto sua atribuição astrológica refere-se à roda do próprio zodíaco, como que para indicar sua esfera supraterrestre de influência.

No prólogo do *Zohar*, o Livro do Esplendor, há um belo mito desenvolvido em torno do versículo bíblico: "No princípio Deus criou..." À guisa de preâmbulo, é necessário indicar que as palavras hebraicas correspondentes a isso eram *"be-Raysheeth bara Elohim..."* A tradição literal é a seguinte:

B' significa "Em"

Raysheeth – "o princípio"

Bara – "criado"

Elohim – traduzido como Deus. (Mas a palavra *El* é Deus. *Eloh* seria um Deus feminino, determinando o sufixo *oh* o gênero feminino. O outro sufixo, *im*, é uma forma masculina de pluralidade. Na palavra *Sephiroth*, por exemplo, o sufixo *oth* representa uma forma feminina de pluralidade.)

A primeira letra da Bíblia é, portanto, B, *Beth*, como o é também a segunda palavra, *bara*, criar.

O mito zohárico a que me refiro trata as letras hebraicas como seres ou personificações das forças criativas que desfilaram uma a uma diante de Deus, pedindo o privilégio de ser a primeira a descrever o processo de criação. "Quando o Santo, bendito seja Ele, estava para criar o mundo, todas as letras do alfabeto ainda eram embriônicas... Quando ele veio a criar o mundo, todas as letras avançaram diante dele em ordem inversa."

Uma a uma, cada letra descreve por que ela e somente ela devia ser escolhida e, um a um, argumentos são apresentados para negar-lhes o privilégio. Finalmente, a letra B (em hebraico *Beth*) entrou em cena e disse:

"Ó Senhor do mundo, se Te apraz, põe-me primeiro na criação do mundo, pois eu represento as bênçãos (*berakhoth*) oferecidas a Ti no alto e embaixo." O Santo, bendito seja ele, disse a ela: "Certamente, contigo eu criarei o mundo e tu formarás o princípio da criação do mundo."

Toda a ênfase desse jogo de palavras e letras está realmente em trazer à tona o conceito, tão necessário ao homem, da benevolência e bênção do Poder Criativo. Teria sido muito difícil para os primeiros homens viver sem essa crença.

E assim aconteceu que a letra *Beth* abre o relato bíblico da criação. Agora, usando o método comparativo tornado possível por nosso arquivo, descobrimos que ao B, o número 2, no *Sepher Yetzirah*, é atribuído o planeta Mercúrio e, assim, seu deus é Hermes, que é uma forma inferior do egípcio Thoth, o deus da "sabedoria e da fala, o deus que vem do véu". Diz-se que Thoth proferiu as palavras mágicas que formaram toda a gama de coisas criadas. No exórdio particular da Aurora Dourada, há a seguinde e significativa passagem:

Ao fim da Noite, nos limites da Luz, Thoth ficou diante dos Nascituros do Tempo!
Então foi formulado o Universo.
Então saíram os Deuses de lá.
As Eras do Não Nascido Além.
Então a Voz foi vibrada.
Então o Nome foi declarado.
No Limiar da Entrada, entre o Universo e o Infinito.
No Sinal d'Aquele que Entra, estava Thoth, como diante dele estavam as Eras proclamadas.
Em sopro ele os vibrou; em Símbolos ele os registrou.
Pois entre a Luz e as Trevas ele permanecia.

Toda a passagem do ensinamento da Aurora Dourada é digna de prolongada meditação. Ela deve ser relacionada na meditação com a seguinte idéia do livro de Dion Fortune sobre a Qabalah:

> A fim de entrar em contato com *Chokmah*, nós precisamos experimentar a torrente da energia cósmica dinâmica em sua forma pura: uma energia tão tremenda que o homem mortal é despedaçado por ela. Está registrado que quando Semele, mãe de Dionísio, viu Zeus, seu amante divino, em sua forma divina como o Trovejante, ela foi chamuscada e queimada, e deu à luz prematuramente seu filho divino. A experiência espiritual atribuída a *Kether* é a Visão de Deus face a face; e Deus (Jeová) disse a Moisés: "Não podes olhar para minha face e viver."
>
> Mas, embora a vista do Pai Divino queime mortais como se fosse fogo, o Filho Divino vem familiarmente entre eles e pode ser invocado pelos ritos apropriados – Bacanais, no caso do filho de Zeus, e Eucaristia, no caso do filho de Jeová. Vemos assim que existe uma forma inferior de manifestação, que "nos mostra o Pai", mas que esse rito deve sua validade exclusivamente ao fato de derivar sua Inteligência Iluminadora, seu Manto de Glória Interior, do Pai, *Chokmah*.

Binah

Binah, Compreensão, é a terceira *Sephirah*. É feminina e tem polaridade negativa. A *Binah* é atribuída, entre outras coisas, a *Shekinah*, um símbolo do Espírito Santo. Este é um fascinante conjunto de conceitos, pois emergiu no pensamento judaico, que em seu monoteísmo é orientado masculinamente, sem um traço diluído de qualquer influência feminina. A única exceção é possivelmente na constante referência devocional ao Sabá como a Noiva – e sobre este conceito foi erguida uma vasta superestrutura mística. Ela liga o Sabá ao *Shekinah* e, embora aparentemente usando textos bíblicos como autoridade, alguns livros cabalísticos forçam a emergência de um simbolismo ou mito que é feminino em todos os sentidos e assim inalteravelmente oposto ao desenvolvimento histórico do judaísmo não-místico. Faz lembrar a idéia de enantiodromia de Jung, segundo a qual toda tendência psicológica mais cedo ou mais tarde deve evocar seu oposto ou passar para ele – a idéia taoísta de que cada elemento de *Yang* ou *Yin* contém a semente ou raiz de seu próprio oposto. "Na altura do *Yang* (masculino) é nascida a *Yin* (feminina)".

Na literatura judaica ortodoxa, *Shekinah* – palavra que significa literalmente a presença residente de Deus – significa simplesmente o próprio Deus em sua atividade onipresente no mundo e, naturalmente, em Israel. Sua presença, que a Bíblia denomina Sua "face", é no uso rabínico Sua presença residente no mundo. Em parte nenhuma na literatura ortodoxa convencional existe distinção entre o próprio Deus e seu *Shekinah*. *Shekinah* não é ali uma hipóstase especial distinta de Deus como um todo. Deus é transcendental, Seu *Shekinah* é imanente.

No que se refere à Qabalah, porém, *Shekinah* é concebida como um aspecto de Deus, um elemento feminino quase independente dentro d'Ele. É também concebida como o lugar de moradia da alma humana, uma concepção inteiramente nova. A idéia de que o eu mais alto do homem teve sua origem no âmbito feminino dentro do próprio Deus é uma contribuição notável e importante da Qabalah ao pensamento místico. Tem muitas semelhanças com a filosofia oriental, especialmente com o Vedanta.

Isso diferencia imediatamente a Qabalah da esterilidade até agora masculina da crença judaica ortodoxa, tão mal equilibrada sem um componente feminino, e permite uma comparação bem definida, dentro do formato da Árvore da Vida, com potências femininas de outros sistemas esotéricos, como o Espírito Santo, Kwan Yin, Mamãe Durga, Aditi, a mãe-Luz e Maria, a mãe de Jesus. Elas podem não ser totalmente idênticas, mas apesar disso restam enormes semelhanças, que criam a possibilidade de concretizar uma verdadeira ciência de religião mística comparada.

Tudo isso ajuda a nossa compreensão de *Binah* como a grande Mãe, o largo mar aberto que deu origem a todos nós, o planeta Saturno, sombrio e grave, e o velho Chronos, pai do Tempo. Crowley comparou-a à nossa Lady Babalon, a mãe de toda a prostituição – e embora a linguagem seja a princípio surpreendente até certo ponto, concorda inteiramente com o conceito oriental de Kali, a doadora de vida e morte, a amante de todo homem, capaz de infinitas concepções. A devoção de Ramakhrishna a Kali, a mãe divina, é um notável exemplo disso.

Essas três *Sephiroth* são muitas vezes chamadas Supernas – muito afastadas das operações e funções da Árvore da Vida e transcendendo delas. Vistas como uma unidade, essas três são mencionadas simplesmente como *Aimah Elohim,* a Mãe dos Deuses, a quem são dadas as três características vedânticas de *Sat-Chit-Ananda* – Ser, Sabedoria e Êxtase. Dispostas contra elas estão seus opostos budistas, *Anatta, Anicca* e *Dukham* – Insubstancialidade, Impermanência e Tristeza. Os opostos são, paradoxalmente, idênticos em sua área transcendental, da Árvore.

Separando a transcendência divina dos aspectos mais familiares e mais facilmente concebíveis da Arte, diz-se que existe um vasto golfo, um abismo, entre número e fenômeno, que é totalmente intransponível pelo homem. Enquanto ele permanecer homem, preso a seu mundo privado de razão e acontecimentos práticos, as Supernas serão conceitos abstratos inatingíveis. Só viajando no *mercabah* ou experiência mística, que resulta na destruição de *ahamkara,* a faculdade formadora do ego, pode o abismo ser atravessado. A tradição aqui é tão vasta, tão completa e tão abstrata que precisamos contentar-nos no momento apenas com esta referência e nada mais.

A atribuição planetária é Saturno, estabilidade e forma, que junta energia, quando *purusha* é encarnado em *prakriti* de acordo com o sistema Sankhya de Kapila. Seu arcanjo é meramente o nome hebraico de Saturno, *Shabbathal*, com "el" acrescentado como sufixo – pelo menos é assim de acordo com o *Sigillum Dei Aemeth* do sistema Dee-Kelly, fazendo Shabbathiel, ou Tzaphkiel no sistema mais tradicional. O nome divino é *YHVH Elohim*, um composto do Tetragrammaton mais o plural masculino de uma divindade feminina.

A *Sephirah* é ambivalente, ou melhor, como verdadeiro símbolo, bipolar. No adorável simbolismo crowleyano, *Binah* é a Cidade das Pirâmides sob a Noite de Pan, onde o adepto que cruzou o abismo como bem sucedido viajante de *mercabah* e assim aniquilou o ego, torna-se um Bebê do Abismo amamentado por nossa Lady Babalon.

Como comentário final relativo a *Binah*, há um curto parágrafo de Dion Fortune que é pertinente aqui:

> A força expansiva produzida pelo petróleo é energia pura, mas não impulsiona um carro. A construtiva organização de *Binah* é potencialmente capaz de impulsionar um carro, mas não pode fazê-lo a menos que seja posta em movimento pela expansão da energia acumulada de vapor de petróleo. *Binah* é totalmente potencial, mas inerte. *Chokmah* é energia pura, ilimitada e incansável, mas incapaz de fazer qualquer coisa exceto irradiar-se no espaço, se for deixada entregue a seus próprios recursos. Mas quando *Chokmah* atua sobre *Binah*, sua energia é concentrada e posta a trabalhar. Quando *Binah* recebe o impulso de *Chokmah*, todas as suas capacidades latentes são energizadas. Em resumo, *Chokmah* fornece a energia e *Binah* fornece a máquina.

Chesed

Chesed é a Sephirah seguinte. A palavra hebraica significa "misericórdia". Todas as significações ligadas ao número 4 encontram lugar nesta ficha do arquivo.

Júpiter é a atribuição astrológica, do que obtemos idéias de autoridade, forma, lei, abundância, generosidade e ordem no sentido oriental de *dharma* – a retidão das coisas, a maneira certa. Aqui também é encontrado o egípcio *Maat*, que empunha a pluma da Verdade.

Seu símbolo ou imagem mágica é um rei coroado e poderoso, entronizado sobre uma plataforma, vestido com trajes de cores púrpura e azul vivo, associadas a seu estado régio. À sua volta estão os símbolos cognatos da autoridade jupiteriana, o globo e o báculo. Em algumas das formas divinas egípcias, o báculo está apontado para o ombro esquerdo, ao qual *Chesed* é atribuído, enquanto o mangual ou açoite aponta para o ombro direito, o *Geburah*. O cajado ou báculo é o instrumento de misericórdia do pastor, o bastão pastoral para dar ajuda no nível espiritual.

No mesmo sentido, Zeus é um atributo – o deus cuja autoridade, poder e energia são tão vastos que ele comanda o relâmpago e as tempestades, e dispara os raios.

Assim *Chesed* é autoridade e liderança divinas, que produzem ordem no caos, permitindo liberdade dentro de certos limites bem definidos. "Liberdade", escreve Dion Fortune com grande sagacidade, "poderia ser definida como o direito de escolher o próprio senhor, pois é preciso haver um governante em toda vida coletiva organizada, senão haverá o caos. Liderança eficaz e inspiradora é a gritante necessidade do mundo no presente e país após país está procurando e encontrando o governante que mais de perto se aproxima de seu ideal nacional, colocando-se como um só homem atrás dele. É a influência de Júpiter, benigna, organizadora e ordenadora, que é o único remédio para as doenças do mundo; quando isso acontece, a nação recupera seu equilíbrio emocional e sua saúde física."

A forma geométrica própria dessa esfera é o quadrado – reminiscente da idéia moral maçônica de estar no nível, no quadrado, que queria dizer estar agindo honestamente. Isto também é *dharma*. Seu símbolo arquetípico junguiano seria provavelmente o "velho sábio". Seu elemento é água, refletida de *Binah* para baixo. Cada *Sephirah*, deve-se notar, é uma fascinante combinação da estabilidade de macho e fêmea, símbolos positivo e negativo, em equilíbrio.

Outros títulos de *Chesed* são *Gedulah*, grandeza ou majestade, e *Rachamon*, Misericórdia. O nome divino é *El*, significando simplesmente Deus – masculino em natureza e gramática. Sua força arcangélica é chamada Tzadkiel, a retidão de Deus. Seus anjos são os *Chashmalin*, os Brilhantes.

Na opinião ocultista antiga o homem é um microcosmo do macrocosmo, uma réplica em miniatura do grande mundo em que ele vive. E do qual é parte. Sejam quais forem as forças que operam na vasta extensão do universo à sua volta, elas estão também representadas dentro dele próprio. Assim, a Árvore não é apenas um mapa simbólico do universo, suas *Sephiroth* são também representantes simbólicas da estrutura psíquica do homem.

De fato, em relação a isto, existe uma passagem pertinente do *Zohar:*

> Que é, então, o homem? Consiste ele apenas em pele, carne, ossos e nervos? Não, a essência do homem é sua alma; pele, carne, ossos e nervos são apenas uma cobertura exterior; são as meras roupas, mas não são o homem. Quando parte (deste mundo), o homem despe todas essas roupas. A pele com que ele se cobre, e todos esses ossos e nervos, tudo tem um simbolismo no mistério da Superna Sabedoria, correspondente ao que está acima...
>
> Os ossos e os nervos simbolizam os Carros e as celestes Hostes, que estão dentro. Todos eles são roupas sobre aquilo que está dentro, que é também o mistério do Homem Superno, que é o recôndito. O mesmo é encontrado aqui embaixo. O homem é algo interior e suas roupas correspondem ao que está acima... Esotericamente, o homem embaixo corresponde inteiramente ao Homem em cima.

Geburah

Geburah, Severidade, é a quinta *Sephirah*. Contrabalança *Chesed* na Árvore e, em termos da teoria cabalística, é o oposto. Enquanto a quarta *Sephirah* representa misericórdia, bondade e construção de forma através de amor e atração, *Geburah* representa poder e energia, e, inversamente, destruição e dilaceramento. Ambos são processos cósmicos, assim como eventos endopsíquicos, nenhum deles deve ser negado ou subestimado. Se só houvesse formação e construção, o universo logo se tornaria um lugar atravancado – a visão de nossas já superpovoadas cidades em escala cósmica. O poder aqui envolvido assegura que formas superadas de vida e meios de comunicação, sejam quais forem, serão derrubados e o material reempregado de outras maneiras mais adequadas.

Isso está habilmente expresso no livro de Dion Fortune, nestas bem escolhidas palavras:

> Energia dinâmica é necessária para o bem-estar da sociedade, tanto quanto mansidão, caridade e paciência. Nunca devemos esquecer que a dieta eliminatória, que restaura saúde nos doentes, produz doenças nos sadios. Nunca devemos exaltar as qualidades necessárias para compensar um excesso de força como fins em si próprias e como meios de salvação. Caridade e excesso é trabalho de tolo; paciência em excesso é a marca do covarde. O que precisamos é de um justo e sábio equilíbrio, que contribua para saúde, felicidade e sanidade, e a franca percepção dos sacrifícios que são necessários para obtê-lo. Você não pode comer seu bolo e guardá-lo na esfera espiritual mais do que em qualquer outro lugar.

Seu nome divino é apropriadamente *Elohim Gibor*, um Deus Poderoso ou os Deuses (masculino e feminino) do Poder. Seu planeta é Marte, o deus da Guerra, expressando o caráter de Ra Hoor Khuit no *Livro da Lei*: "Agora, compreenda-se primeiro que eu sou um deus de Guerra e Vingança. Eu os tratarei com dureza... Adorai-me com fogo e sangue; adorai-me com espadas e com lanças. Que a mulher esteja cingida com a espada diante de mim; que sangue escorra para o meu nome."

No livro do Êxodo, existe um hino de alegria marcial dedicado a Jeová depois da travessia do Mar Vermelho, que se abriu para a passagem dos filhos de Israel e depois se fechou sobre os egípcios e seus carros, destruindo-os totalmente. Nele Jeová é chamado *Eesch Milchomah*, o Homem de Guerra." "Jeová é um poderoso guerreiro; Jeová é Seu Nome!" Lembro-me vividamente de quando em minha meninice, freqüentando uma sinagoga, essa parte do Torá estava sendo cantada. Toda a melodia e estilo de cântico ritual mudaram triunfantemente quando o cantor entoou: "Cantarei a Jeová, porque triunfou gloriosamente!... A tua destra, ó Jeová, é gloriosa em poder, a tua destra, ó Senhor, despedaça o inimigo!... Quem é como tu entre os deuses, ó Jeová?" (As iniciais hebraicas dessa última sentença foram usadas séculos depois para formar o neologismo "Macabeu".). Ninguém que estivesse ouvindo poderia deixar de sentir o sangue gelar em suas veias e os pêlos eriçarem em sua nuca.

Geburah, em suma, é o aspecto de energia da criatividade. Todos os símbolos, de qualquer fonte, mitológica ou outras, relacionam-se exclusivamente com essa noção. Como é o quinto objeto em nosso sistema de arquivo, todas as figuras, símbolos, idéias, etc., de cinco pontas referem-se a ele.

Alister Crowley escreveu certa vez uma encantadora historiazinha pornográfica intitulada *A Filha do Veterinário,* que em si mesma não tem aqui interesse para nós, salvo quanto ao aspecto redentor de uma bela descrição de toda a hierarquia espiritual de *Geburah,* desde o Nome divino até o espírito mais baixo. É tão bem feita que vale a pena citar os vários parágrafos como descrição dos elementos hierárquicos:

> A coroa de *Elohim Gibor* era o próprio Espaço; as duas metades de seu cérebro eram o Sim e o Não do Universo; seu sopro era o sopro da própria Vida; seu ser era o Mahalingam do Primeiro, além da Vida e da Morte, o gerador do Nada. Sua armadura era a Água Primária do Caos. A infinita curva lunar de seu corpo; a relampejante rapidez de sua Palavra, que era a Palavra que formulava aquilo que estava além de Caos e Cosmo; o poder dele, maior que do Elefante e do Leão, da Tartaruga e do Touro fabulados na lenda indiana como os suportes das quatro letras do Nome; a glória dele, que era igual àquela do Sol que está antes e além de todos os Sóis, do qual as estrelas não são senão centelhas desprendidas quando ele batalhava no Infinito contra o Infinito...
>
> Vejam o poderoso, vejam *Kamael,* o forte! Sua cabeça sem coroa era como um carrossel de ametista e todas as forças da terra e do céu giravam dentro dela. Seu corpo era o próprio Mar Poderoso e tinha as cicatrizes de crucificação que o haviam tornado vinte vezes mais forte do que era antes. Ele tinha também as asas e armas de Espaço e Justiça; e em si próprio era aquele grande Amém que é o princípio e fim de tudo.
>
> Atrás dele estavam os *Seraphim,* as ferozes serpentes. Em suas cabeças, as tríplices línguas de fogo; sua glória era como aquela do Sol, suas escamas como chapas ardentes de ferro; elas dançavam como virgens diante de seu senhor, e acima da tempestade e do rugido do mar elas voavam em sua glória...
>
> Toda gloriosa era a coroa lunar da grande Inteligência, *Graphiel.* Sua face era como o Sol quando aparece além do véu do firmamento desta terra. Seu corpo guerreiro era como uma torre de aço, virginal e forte.
>
> Escarlates eram suas vestes régias e seus membros estavam envolvidos em folhas novas de lótus, pois aqueles membros eram mais fortes do que qualquer armadura já forjada no céu ou no inferno. Alado era ele com as asas de ouro que são o próprio vento; sua espada de fogo verde flamejava em sua mão direita e na esquerda ele segurava a pluma azul da Justiça, não agitada pelo vento de seu vôo ou pela convulsão do universo.

> *Bartzabel*... De ouro flamejante, radiante e cintilante de longe era sua coroa; lampejando aqui e acolá mais velozmente que o relâmpago eram seus raios. Sua cabeça era como o Sol em sua força, mesmo ao meio-dia. Seu manto era pura ametista, flutuando atrás dele como um poderoso rio; sua armadura era de ouro vivo, polido com raio até mesmo nas grevas e nos pés blindados; ele irradiava um insuportável esplendor de ouro e carregava a Espada e a Balança da Justiça. Poderosas e douradas eram suas largas asas chamejantes!

Tiphareth

Tiphareth significa Beleza e harmonia, e indica equilíbrio e estabilidade. Na Árvore da Vida é a Sephirah central e, em muitos sentidos, é uma das mais importantes seções de nosso arquivo. É equivalente, por assim dizer, a *Kether*, pois provém de *Malkuth* e tem laços de ligação com praticamente todas as outras partes da Árvore.

As imagens mágicas que dão significação a ela são múltiplas. Incluem os deuses de ressurreição de todas as idades e climas, de Osíris a Cristo, os discos solares de Ra a Apolo, deuses de inebriamento espiritual, como Baco e Dionísio, e do recém-nascido filho espiritual de Krishna até o bebê Jesus. Meditação sobre todas essas imagens revelará a natureza essencial da *Sephirah*.

Como de hábito, Dion Fortune expressa-se extremamente bem nesse sentido:

> Os antigos... diferenciavam entre os métodos mânticos que induziam os contatos ctônicos ou inferiores e o inebriamento divino dos Mistérios. Os Maenades que corriam na esteira de Dionísio eram de uma ordem de iniciação inteiramente diferente das pitonisas; as pitonisas eram psíquicas e mediúnicas, mas os Maenades, os iniciados nos Mistérios de Dionísio, gozavam da exultação de consciência e de um aceleramento de vida que lhes permitia realizar espantosos prodígios de força.
>
> Todas as religiões dinâmicas têm esse aspecto dionisíaco; mesmo na religião cristã muitos santos deixaram registro do Cristo Crucificado de sua devoção vindo a eles finalmente como o Noivo Divino; e quando falam desse inebriamento divino que lhes advém, sua linguagem usa metáforas de amor humano como expressão apropriada. "Como és adorável, minha irmã, minha esposa"; "Desmaiado pelos beijos dos lábios de Deus..." Essas coisas dizem muito para aqueles que sabem compreender.

Seu símbolo astrológico mais imediato é o sol, com seu número quase infinito de atribuições e significações, que devem ser estudadas e meditadas para que se tenha o pleno impacto da *Sephirah*.

Seu nome divino é *YHVH Eloah ve-Daath*, difícil de traduzir literalmente, mas que pode ser apresentado como YHVH Senhor Deus de Conhecimento. O arcanjo é Rafael, o curativo de Deus, que talvez nos faça lembrar Êxodo, 15,26: "Pois eu sou o Senhor que te sara." *Malachim* é uma palavra hebraica que signfica anjos; se o segundo "a" é omitido, pode ser traduzida por "deuses".

Um dos melhores meios de esclarecer a plena significação dessa *Sephirah* talvez seja citar uma das falas rituais da Aurora Dourada, extraída de um documento conhecido como Z-1:

> Pois Osiris on-Nophris, que é achado perfeito diante dos Deuses, disse:
> Estes são os elementos de meu Corpo.
> Aperfeiçoado através de sofrimento, glorificado através de provação.
> Pois o odor da rosa agonizante é como o suspiro de meu sofrimento reprimido:
> E o fogo vermelho-chama é como a energia de minha indômita vontade;
> E a taça de vinho é o derramamento do sangue de meu coração.
> Sacrificado até regeneração, até a Vida mais nova.
> E o pão e sal são como que os fundamentos de meu corpo
> Que eu destruo para que eles possam ser renovados.
> Pois eu sou Osíris triunfante, mesmo Osíris on-Nophiris, o Justificado.
> Eu sou Aquele que é vestido com o corpo de carne,
> Mas em quem está o Espírito dos grandes Deuses.
> Eu sou o Senhor de Vida, triunfante sobre a morte.
> Aquele que partilhar comigo elevar-se-á comigo;
> Eu sou o manifestador em matéria d'Aqueles cuja morada é no Invisível.
> Eu estou purificado: eu defendo o universo.
> Eu sou o reconciliador com os Deuses eternos.
> Eu sou o Aperfeiçoador de Matéria.
> E sem mim, o Universo não existe.

Netzach

Netzach, Vitória, é a sétima seção de nosso arquivo. Usando a tradução inglesa, podemos considerar *Nike,* com um firme passo à frente, com asas abertas e inflamadas por fogo e fúria, como a imagem simbólica para nossas significações.

O nome divino YHVH Tzabaoth, Senhor Deus de Hostes, é igualmente confirmatório desse tema. Não estamos lidando aqui com imaginação criativa ou com qualquer faculdade mental no sentido comum do termo, mas com o fogo de emoção e sentimento, que basicamente são as forças que evocam criatividade. Esses não são apenas componentes da psique humana; são componentes integrantes do próprio universo. A experiência de êxtase, alegria, delícia e fervor – isto é Vitória.

Seu fogo é refletido de *Geburah*, estabelecendo uma relação bem definida entre as polaridades astrológicas de Marte e Vênus.

Os panteões aqui arquivados são aqueles relacionados com a atribuição da própria Vênus, Afrodite, Astarte, Hator, etc. Representam amor, realização, prazer, as artes em todas as suas formas e beleza.

Assim como no horóscopo, a sétima casa representa casamento, mas a quinta casa representa prazer, criatividade e sexo, *Netzach* pode incluir amor, prazer e sexualidade (ou polaridade), mas é *Yesod* que se relaciona com produtividade e fertilidade. Não há relação necessária entre um e outro; cada um pode coexistir por si mesmo.

Netzach relaciona-se com as emoções e sentimentos que podem produzir uma união dos dois pólos, mas é *Yesod* e a lua e suas marés psíquicas interiores que permitem que essa junção resulte em prole.

Pode-se dizer que Netzach se refere ao desejo-natureza, a que o Oriente chama *Kama*, desejo, anseio, necessidade, apetite sexual.

O acesso a Deus, como modo de vida místico técnico, relativa a esta esfera é *bhakta*, devoção, amor. A este respeito, *Liber Astarte vel Berylli* merece sem dúvida ser lido e o seguinte é um pequeno trecho daquele texto devocional, que traz à tona todo o sabor de *bhakta* e *Netzach:*

> Deve o devoto considerar bem que, embora Cristo e Osíris sejam um, o primeiro é adorado com ritos cristãos e o último com ritos egípcios. E isso embora os próprios ritos sejam cerimonialmente equivalentes. Deve haver, porém, *um* símbolo que declare a transcendência de tais limitações; e, com respeito à Divindade, também deve haver uma afirmação de sua identidade, tanto com todos os outros deuses semelhantes de outras nações quanto com o Supremo do qual todos não são senão reflexos parciais.
>
> *A respeito do principal lugar de devoção:* Este é o Coração do Devoto e deve ser simbolicamente representado pelo aposento ou lugar que ele mais ama. E o lugar mais querido em seu interior deve ser o santuário de seu

templo. É muito conveniente que este santuário e altar fiquem isolados em matas ou em um bosque ou jardim privado. Mas deve ser protegido dos profanos.

A respeito da imagem da Divindade: Deve haver uma imagem da Divindade. Primeiro, porque em meditação é por esse meio induzida vigilância; e, segundo, porque certo poder entra nela e a habita em virtude das cerimônias, ou assim dizem e nós não o negamos. Essa imagem deve ser a mais bela e perfeita que o devoto possa obter; ou, se ele for capaz de pintá-la ou esculpi-la, ainda melhor. Quanto às Divindades com cuja natureza nenhuma imagem é compatível, que elas sejam adoradas em um santuário vazio...

A respeito das cerimônias: Que o Philosophus prepare uma poderosa Invocação da Divindade determinada de acordo com seu Ingenium. Mas ela deve consistir nestas diversas partes:

Primeiro, uma Imprecação, como de um escravo a seu Senhor.
Segundo, um Juramento, como de um vassalo a seu Suserano.
Terceiro, um Memorial, como de uma criança a seu Pai.
Quarto, uma Oração, como de um Sacerdote a seu Deus.
Quinto, um Colóquio, como de um irmão com um Irmão.
Sexto, uma Conjuração, como de um Amigo a seu Amigo.
Sétimo, um Madrigal, como de um Amante à sua Amante.

E marque bem que o primeiro deve ser de respeito, o segundo de fidelidade, o terceiro de dependência, o quarto de adoração, o quinto de confiança, o sexto de camaradagem e o sétimo de paixão.

Este é o espírito essencial de *Netzach.*

Hod

Hod é a Glória e nesta oitava ficha do arquivo nós temos todos os deuses mercuriais, acentuando a noção de que temos aqui o mental e intelectual. Tem uma atribuição aquática, refletida de *Chesed,* de modo que há uma ligação bem definida entre Júpiter, a chamada mente superior, e Mercúrio, as forças inferiores e concretas de atividade mental. Alguns dos modernos escritores consideram *Hod* uma *Sephirah* "forma" em oposição ao conceito de "força" de *Netzach.* É a área de imagens mentais no plano interior e esforço intelectual.

Se tomarmos a frase antiga "Deus geometriza" e depois acrescentarmos "Deus filosofa", teremos alguma coisa sugerida da natureza de *Hod.* Sua atribuição a Mercúrio é outra indicação de sua natureza essencial, pois, como o metal mercúrio, esta fase de atividade mental no homem está eternamente em fluxo, sem nunca parar por um momento sequer. A descrição do Mercúrio grego ou romano é eloqüente ao descrever a área de atividade mental sugerida por *Hod*. Um dicionário mitológico afirma que Hermes era o deus do comércio, riqueza e boa fortuna, assim como o mensageiro ou arauto dos deuses. Parece ter sido também a divindade padroeira dos trapaceiros, viajantes, enganadores e ladrões. Na história grega antiga, ele era também conhecido como deus da fertilidade e, de maneira bastante interessante, grosseiras imagens fálicas dele,· chamadas *hermae,* eram colocadas em encruzilhadas e em frente de casas. Como o egípcio Anúbis, o vigilante dos templos com cabeça de cão, ele era considerado um psicopompo, o condutor de almas que partiram através dos estados após a morte.

Diz-se que a imagem mágica é hermafrodita. O nome também usado era Hermanúbis, uma combinação de Hermes, dos gregos, e Anúbis, dos egípcios. Hermafrodita ou bissexual sugere que Mercúrio ou *Hod* é a área de pensamento-formas e é em grande parte neutra ou assexuada; ou, digamos, que sua polaridade é larval, dependendo do uso a que essas formas possam ser aplicadas pelos fatores emocionais que se gravam na alma.

O nome divino é *Elohim Tzabaoth*, Deus de Hostes – *Elohim,* lembrando-nos do que foi dito em outra página, sendo em hebraico a terminação plural masculina do feminino singular de "deus". Isso está em oposição a *YHVH Tzabaoth* ou *Netzach*, que é Jeová de Hostes ou Exércitos. O arcanjo é Miguel, que é como Deus. Depois temos de lembrar que, de todos os planetas, Mercúrio é aquele que está mais próximo do sol e reflete a luz do sol mais claramente do que qualquer outro planeta ou satélite.

Assim como o acesso prático a *Netzach* é *bhakta,* o acesso a *Hod* é *gnama,* filosofia. Convém notar que na reformulação da Aurora Dourada por Crowley, a tarefa específica que ele prescrevia para o grau atribuído a Hod era o domínio da filosofia e, acima de tudo, da própria Qabalah. Ênfase era dada por exemplo a suas partes matemáticas, de modo que qualquer número pudesse ser plenamente investigado e compreendido nos termos de sua fórmula intrínseca.

Apropriadamente, há no livro de Dion Fortune esta declaração:

> Se não tivermos capacidade mágica, que é o trabalho da imaginação intelectual, a Esfera de *Hod* será um livro fechado para nós. Só podemos operar em uma Esfera depois de termos recebido iniciação naquela Esfera, que, na linguagem dos Mistérios, confere seus poderes. No trabalho técnico dos Mistérios, essas iniciações são conferidas no plano físico por meio de cerimônias, que podem ou não ser eficazes. A essência da questão reside no fato de que não se pode pôr em atividade aquilo que ainda não está latente. A vida é a verdadeira iniciadora; as experiências da vida estimulam a funcionar as capacidades de nosso temperamento no grau em que as possuímos. A cerimônia de iniciação e os ensinamentos que devem ser dados nos vários graus destinam-se simplesmente a tornar consciente o que antes era subconsciente e colocar sob controle da vontade, dirigida pela inteligência superior, aquelas capacidades de reação desenvolvidas, que até então só reagiam cegamente a seus estímulos apropriados.

Yesod

Yesod, a Fundação, é a área dos deuses lunares e daqueles que presidem a fertilidade, animal ou vegetal. É também a área do sexo, de modo que, sem esforços, esta parte do arquivo pode tornar-se extensiva. Sua imagem mágica é a de um homem nu muito forte, capaz de carregar coisas grandes e pesadas – classicamente, Atlas, carregando o mundo nos ombros. O egípcio não é diferente – Shu, o deus do ar, que separa a deusa celeste Nuit de *Geb,* o deus da terra. Apenas para completar o simbolismo, existe, paradoxalmente, a noção das três fases fundamentais da lua, suas atribuições de divindade e suas funções em mulheres. Há Artêmis ou Selene, a jovem deusa virginal, caçadora, casta, inocente e pura – a lua nos dias iniciais de seu ciclo. Esta é seguida pela lua-cheia, representando a Mãe fecunda e fértil, em plena produção, por assim dizer, realizando-se jubilosamente em suas funções geradoras básicas, simbolizadas por Afrodite. Esta é a mulher fértil, no vigor dos anos, e, por estar realizada, amada e amante. Segue-se depois a lua em seu declínio, a lua minguante, Hecate, a mulher depois da menopausa, que não encontrou realização substituta, agora que passaram seus dias de ter filhos, que se ressente da perda de amor e de amar, agora que sua atração sexual desapareceu, tornando-se amargurada, mal-humorada, esmirrada e semelhante a uma bruxa. Esta velha, que não tem família, que é odiada por causa de sua aguçada língua masculina, era antigamente suspeita de feitiçaria e ficou completamente isolada.

Robert Graves expressa isso extraordinariamente bem na introdução de seu livro *The Greek Myths:*

> Desde que o curso anual do sol recorda igualmente a ascensão e declínio dos poderes físicos da deusa – primavera, uma donzela, verão, uma ninfa, inverno, uma velha – ela foi identificada com mudanças sazonais na vida animal e vegetal; e assim com a Mãe Terra, que, no começo do ano vegetativo, produz só folhas e brotos, depois flores e frutos, e finalmente deixa de produzir. Ela pôde mais tarde ser concebida ainda como outra tríade: a donzela do ar superior, a ninfa da terra e do mar, a velha do mundo inferior – tipificadas por Selene, Afrodite e Hecate. Esses análogos místicos promoveram a santidade do número três e a Lua-deusa foi ampliada para nove quando cada uma das três pessoas – donzela, ninfa e velha – apareceram em tríade para demonstrar sua divindade. Seus devotos nunca esquecem que não havia três deusas, mas uma deusa.

Estamos lidando com o poder generativo da natureza, que coordena, integra e estimula a química de nossos corpos e do corpo maior da terra onde vivemos, e a química dos sistemas solar e estelar em que vivemos. Não é um produto de vida física, embora possa parecer sê-lo. É, porém, o poder por trás dos bastidores, por assim dizer, ativando as moléculas, células e tecidos. Assim, isso leva ao conceito de uma área oculta por trás ou dentro da natureza, que é o modelo eletromagnético ou campo de energia modelador do protoplasma do interior daquele campo. Para que tenhamos a teoria do mundo etéreo ou astral, que preserva a estabilidade do mundo material e fornece os modelos invisíveis de todas as coisas aqui embaixo, que só podem ser mudadas pela alteração dos campos e imagens astrais invisíveis. Considera-se que a moderna noção de energia radiante tem relação com isso.

O nome divino é *Shaddat El Chai,* Deus Vivo Todo-Poderoso, o senhor da geração, a divindade residente do pélvis. Diz-que o arcanjo é Gabriel, o poder de Deus que dirige os anjos, que são os *Ishim*, as chamas mencionadas no Salmo 104,4.

Seu elemento é ar e isto a Árvore da Vida retrata como refletindo-se pela coluna do meio abaixo, de *Kether* a *Tiphareh* e daí a *Yesod*, a esfera de geração. Sobre este tópico, Dion Fortune escreveu há alguns anos:

> Ao lidar com os ritmos de Luna, estamos lidando com condições etéreas, não físicas. O magnetismo de criaturas vivas sobe e baixa com uma maré definida. Não é coisa difícil observar quando se sabe o que procurar. Mostra-se mais claramente em relações entre pessoas nas quais o magnetismo é muito bem equilibrado. Às vezes a pessoa está no ascendente, às vezes no outro.
>
> Agora pode-se perguntar, se a Esfera de *Yesod* é etérea, por que os órgãos degenerativos são atribuídos a essa esfera, pois certamente sua função é física? A resposta a esta pergunta deve ser encontrada no conhecimento dos aspectos mais sutis do sexo, que parecem estar inteiramente perdidos no mundo ocidental... Devemos compará-lo a um iceberg, de cujo volume cinco sextos estão abaixo da superfície. As reações físicas reais de sexo formam uma proporção muito pequena e, de maneira nenhuma, a proporção mais vital de seu funcionamento.

Malkuth

Malkuth, o Reino, é a décima e última emanação em nosso arquivo. É a representante inferior de *Binah* e no *Zohar* é chamada a Mãe Inferior, *Malkah*, a Rainha, e *Kallah*, a Noiva do Tetragrammaton.

Alguns dos símbolos referem-se a *Malkuth* como um portão, o Portão da Morte, o Portão de Lágrimas e mesmo o Portão da Filha dos Poderosos. Alguns desses são tirados dos belos e sonoros títulos dados às cartas do Tarô. *Malkuth* não é uma esfera fechada; leva sempre à *Sephirah* mais alta ou interior; o portão está sempre aberto, se pudermos vê-lo. É também chamada "A Virgem do Mundo" e alguns dos documentos alquímicos descrevem-no com certos detalhes, como a primeira matéria da Grande Obra.

O nome divino é *Adonai-ha-Aretz*, Senhor da Terra, seu arcanjo é Sandalphon e diz-se que seu coro de anjos são os Querubins, os governantes dos elementos. Acima de todas as outras coisas, é o reino do elemento terra, embora as cartas convencionais da Árvore dividam a esfera de *Malkuth* em áreas representando os quatro elementos. Esta *Sephirah*, na Árvore, simboliza matéria, a própria matéria deste mundo.

Como escreve o dr. Westcott:

> A Qabalah ensina que se deve abandonar inteiramente o conhecimento aparente de matéria como entidade separada do espírito. A afirmação de que matéria existe e é uma entidade diferente de Espírito e que o Espírito – o Deus dos Espíritos – a criou, deve ser rejeitada, e essa noção deve ser arrancada pelas raízes antes que possa haver progresso. Se matéria existe, é alguma coisa e deve ter vindo de alguma coisa, mas Espírito não é uma coisa e Espírito criativo, a mais alta concepção espiritual, não poderia produzir matéria, a coisa mais baixa, tirando-a do nada; conseqüentemente, ela não é feita e conseqüentemente não existe matéria. Tudo é Espírito e concepção. *Ex nihilo mihi fit*. Tudo quanto existe só pode ter vindo do Espírito, da Essência Divina. Que o Ser surgisse do não ser é impossível. Que matéria criasse a si própria é absurdo; matéria não pode proceder do Espírito; as duas palavras significam que as duas idéias são inteiramente separadas; então matéria não pode existir. Conseqüentemente, segue-se que aquilo que chamamos matéria não é senão um aspecto, uma concepção, uma ilusão, um modo de movimento, uma impressão de nossos sentidos físicos.

Isto é que Korzybski, o semanticista geral, teria chamado de superado modo de pensar aristotélico. Um místico moderno, Vitvan, tentou combinar semântica geral ou pensamento não-aristotélico com a sabedoria antiga e formulou alguns conceitos fascinantes e altamente criativos. Básica em suas presunções é a noção de identidade – "identificação de imagens que aparecem substantivas na natureza psíquica de um indivíduo, com aquelas das quais são recebidos estímulos (comprimentos de onda e freqüências de energia).

> Aqui está o grande valor de abstrair-se *conscientemente*, porque por este processo aprende-se a diferenciar entre uma imagem na natureza psíquica e configurações de unidades de energia que constituem este mundo. ("Formas" era o nome que Platão dava ao que chamamos configurações.)
>
> Assim como uma imagem aparece na chapa fotográfica de uma câmara, comprimentos de onda e freqüências de energia são formuladas como um retrato nas funções mentais da natureza psíquica de um indivíduo. Quando este retrato, devido aos vários processos neurais e cerebrais, aparece "*lá fora*", isto é, substantivo, é identificado com uma dada configuração de unidades de energia da qual são recebidos estímulos, então aquela imagem que aparece substantiva na natureza psíquica passa a ser designada, rotulada, etc., como "uma coisa", "objeto", etc.

O erro intelectual a que Vitvan se refere é prevalecente em muitos sistemas metafísicos, inclusive na Ciência Cristã, assim como no Vedanta – a ilusão de matéria, a noção de que o mundo é Maya, como dizem os orientais. É também acentuado na interpretação de não existência de matéria de Westcott, devido sem dúvida ao fato de ter sido ele consideravelmente influenciado por associação com Madame H. P. Blavatsky e a Escola Oriental de esoterismo.

Seja como for, a noção importante a ser derivada disto é que *Malkuth*, a décima *Sephirah*, é o Reino Divino. O mundo que habitamos é um mundo divino e só devido ao nevoeiro espiritual em que vivemos, à cegueira de nossa mente, resultante das limitações de nossos sistemas sensórios, é que deixamos de percebê-lo como o corpo vivo de Deus. Somente crianças, amantes, muitos artistas – poetas, pintores e escritores – e místicos foram capazes de ver *Malkuth* como ele realmente é e não como uma concha morta, vazia. Eles o vêem, como o viu Thomas Traherne, que relatou sua visão de realidade em *Centuries of Meditation*:

> O cereal era trigo precioso e imortal, que nunca deveria ter sido colhido, nem foi sequer plantado. Eu pensava que ele perdurara de infinito até infinito. O pó e as pedras da rua eram tão preciosos quanto ouro; os portões eram a princípio o fim do mundo. As verdes árvores, quando eu as vi pela primeira vez através de um dos portões, arrebataram-me e extasiaram-me, sua doçura e beleza incomuns fizeram meu coração saltar, quase louco de êxtase, tão estranhas e maravilhosas eram elas. Os homens! Que criaturas veneráveis e reverendas pareciam os velhos! Imortal Querubim! E os moços cintilando e resplandecentes anjos e moças, estranhas peças seráficas de vida e beleza. Meninos e meninas dando cambalhotas na rua e brincando, eram jóias em movimento... Eu não sei se eles haviam nascido e deviam morrer. Mas todas as coisas perduravam eternamente, pois estavam em seus lugares apropriados. Eternidade era manifesta na Luz do Dia e algo infinito aparecia por trás de tudo.

Para completar esta discussão simples da Árvore da Vida, não posso pensar em coisa alguma mais adequada do que "Padrão sobre a Prancheta" de Paul F. Case. Há nele um sabor metafísico distinto, pois houve nos Estados Unidos uma interação bem definida entre os movimentos metafísico e ocultista. Neste caso particular, penso que ambos saíram ganhando.

PADRÃO SOBRE A PRANCHETA

Esta é a Verdade Sobre o Eu.

0. Todo poder que já existiu ou existirá está aqui.

1. Eu sou um centro de expressão para a Vontade do Bem Primária, que eternamente cria e sustenta o universo.

2. Através de mim sua infalível Sabedoria toma forma em pensamento e palavra.

3. Repleto pelo Conhecimento de sua lei perfeita, eu sou guiado, momento a momento, ao longo do caminho da libertação.

4. Das inesgotáveis riquezas de sua Ilimitada Substância, eu tiro todas as coisas necessárias, tanto espirituais quanto materiais.

5. Eu reconheço a manifestação da indesviável Justiça em todas as circunstâncias de minha vida.

6. Em todas as coisas, grandes e pequenas, eu vejo a Beleza da expressão divina.

7. Vivendo daquela Vontade apoiada por sua infalível Sabedoria e Conhecimento, a minha é a Vida Vitoriosa.

8. Eu espero com confiança a perfeita realização do Eterno Esplendor da Luz Ilimitada.

9. Eu penso e ajo, eu repouso minha vida, de dia para dia, sobre a segura Fundação do Ser Eterno.

10. O Reino do Espírito está incorporado em minha carne.*

* Pela bondosa permissão de citar este "Padrão sobre a Prancheta", devo agradecer à generosidade da Sra. Harriet Case, viúva do falecido Paul F. Case (fundador da B.O.T.A.).

OUTRAS LEITURAS

Após ter aprendido a sentir-se intelectualmente à vontade com esses conceitos cabalísticos elementares e poder funcionar dentro deles em certa medida, o leitor estará preparado para voltar sua atenção para alguns textos mais sérios ou mais abrangentes.

Na ordem dada, eu recomendo vigorosamente a leitura das seguintes obras:

1. *Introduction to Kaballah,* William Wynn Westcott.
2. *The Kaballah,* Christian D. Ginsburg.
3. *The Mystical Qabalah,* Dion Fortune.
4. *Practical Course in Qabalistic Symbolism,* Gareth Knight.
5. *Liber 777,* Aleister Crowley.
6. *Kaballah Unveiled,* Introdução de MacGregor Mathers.
7. *The Secret Doctrine in Israel.* A. E. Waite.
8. *Sepher Yetzirah,* traduzido por William Wynn Westcott.
9. *On the Kaballah and its Symbolism,* G. G. Scholem.
10. *Apocalypse Unveiled,* James Pryse.
11. *The Tarot,* Paul F. Case.
12. *The Seven Rays of Q. B. L.,* Frater Albertus Spagyricus. (Paracelsus Research Society, Salt Lake City, 1968).

3. MEDITAÇÃO

ABORDAGEM MODERNA DE UMA VELHA CIÊNCIA E ARTE

Em um de seus numerosos livros, o falecido Paul Foster Case, talvez uma das maiores autoridades modernas no que diz respeito à significação do Tarô e Qabalah tradicionais, descreveu uma de suas antigas experiências com concentração e meditação. Contou ele que durante dez longos meses praticara firmemente concentração pelo menos duas vezes por dia por cerca de meia hora, sem conseguir o menor resultado tangível. Simplesmente trabalhava e continuava a trabalhar. Cerca de dez meses mais tarde, os resultados começaram a aparecer. Seu trabalho compensou. Tivera a paciência e perseverança de manter um esquema disciplinado. Por mais monótonas, tediosas e insípidas que fossem aquelas práticas diárias, ele provou sua dedicação à Grande Obra.

Na realidade, esta é a história de toda pessoa que se propôs adquirir algum grau de domínio sobre os processos de sua própria mente. Inúmeros exemplos poderiam ser aqui citados para corroborar esta dogmática declaração, mas um é suficiente.

Mais retórica tem sido escrita sobre este tópico do que sobre qualquer outro por mim conhecido – com exceção de Magia. Os estudantes são enganados por inúmeros livros que falam em "entrar no silêncio", "morar no lugar secreto do Mais Alto", "meditação transcendental" e muitas outras frases grandiloqüentes. Com apenas umas poucas exceções aqui e acolá, raros deles acentuam o importantíssimo fato de que só disciplina e prática constante são os fatores régios que levam a algum lugar nesta arte. Afirmações a respeito da natureza de Deus e da Graça de Deus e um número infinito de variações metafísicas sobre este tema, sem prática diária de concentração, não levam a parte alguma, por maior que seja a freqüência das reiterações.

Os estudantes que afirmam meditar estão em sua maioria apenas divertindo-se, o que é terrivelmente fácil, entregando-se a vagos devaneios de que quase nada resulta, a não ser "sentir-se bem" temporariamente. Mas isso não é meditação, nem concentração, e essencialmente não tem valor.

Periodicamente ouço contar que alguém, sem a menor preparação técnica anterior, passou vários dias em um retiro, onde dedicou a maior parte de cada dia de vigília a oração e meditação. É difícil imaginar o que se passa na mente dessas pessoas durante as dezesseis horas supostamente dedicadas à meditação.

Não que isso realmente me cause qualquer admiração. Depois de anos de íntima consulta psicológica com pessoas de todas as categorias de vida e da maioria das profissões, é minha ponderada opinião que a maioria delas não tem o menor talento para concentração, a não ser de maneira muito superficial. O advogado, o economista, o engenheiro, o médico e profissionais de nível semelhante desenvolveram realmente certa capacidade de concentração. Os anos de estudo e preparação intelectual para o exercício de suas profissões exigiram seu desenvolvimento. Mas esta faculdade mental opera apenas quando funciona em uma cena mental ampla. Se suas mentes são forçadas a estreitar-se a partir de um largo espectro de atividade para concentrar-se em um único símbolo, imediatamente o defeito mental é demonstrável. Isto está generalizado e é parte integrante de nossa cultura.

Treinando a Mente

Não é difícil imaginar como pessoas descobriram a necessidade de concentração "para impedir as modificações do princípio de pensamento". Suponho que, enquanto praticavam suas devoções de qualquer espécie – a devoção de fazer amor, de rezar para sua divindade determinada ou de trabalhar em seu serviço – devem ter descoberto a natural facilidade que a mente tem de desviar-se para uma tangente e vaguear por todo o universo.

Geralmente, para a pessoa não-treinada, só profunda emoção promoverá espontaneamente um grau de concentração. E é preciso ser o sentimento mais intenso, raramente alguma coisa que o indivíduo possa produzir à vontade. Amor, cólera, ciúme e inveja são capazes de excluir da mente todos os pensamentos e sentimentos, salvo aquele determinado.

Outro fator capaz de produzir concentração espontaneamente é uma sensação física muito forte – seja de prazer ou de dor. Presumo que quase todo mundo, uma vez ou outra, experimentou uma intensa dor de cabeça, dor de dente ou dor em algum lugar do corpo, que se tornou intensa a ponto de expulsar da periferia mental todas as outras considerações.

Esses dois fatos devem ser de vital importância. Eles podem afinal ser empregados na tarefa de treinar a mente para concentrar-se à vontade e depois meditar.

Por que Meditar?

Por que deve alguém dar-se ao trabalho de aprender primeiro a concentrar-se e depois a meditar? Esta pergunta precisa ser respondida em uma variedade de maneiras diferentes, pois há tantas respostas quantos são os impulsos fundamentalmente diferentes que motivam pessoas.

Uma pessoa pode procurar poder; outra, paz e cessação de tensões interiores; uma terceira ansiará por amor e alta criatividade. Todos os motivos são válidos, pois, no fim, todos eles serão vistos como facetas de um resultado maior. Isso porque meditação resulta na aquisição de poder espiritual, com paz e alegria, e no aumento da capacidade do eu para expressar-se em amor e gênio. Assim, o motivo primário é descobrir e perceber o eu.

Se você é cristão, meditação é o meio ideal para descobrir o Cristo no interior, para fazer nascer o menino Cristo dentro de sua alma. Se você é hindu, por esses meios seguirá o caminho clássico para tornar-se consciente de Atman, o Eu Universal, sua identidade essencial com Brama; e, se você é budista, a prática de meditação ajudará a apontar o caminho para tornar-se consciente da natureza de Buda, da Sabedoria Transcendental, da essência da mente que é intrinsecamente pura.

De muitas maneiras pode ser feita essa viagem de descoberta. Mas concentração e meditação precisam ser consideradas dentro da categoria dos métodos principais.

O Poder da Meditação

Concentração é um método que vem sendo usado há muito tempo por alguns dos maiores gigantes espirituais que abençoaram a história da humanidade.

O drama eternamente representado é o de um homem, realmente um joão-ninguém, que parte, ninguém sabe por que, nem, geralmente, para onde. Depois de um período de anos, ele volta para a cidade ou terra natal, como uma pessoa mudada. Está iluminado. Algo de estranho e maravilhoso lhe aconteceu. Existe nele um ar de autoridade, calma, mas vigorosa. É geralmente reconhecido que o manto da inspiração o envolve. Depois ele começa a ensinar uma nova lei, uma nova doutrina, um novo modo de aproximar-se do mistério divino – a natureza do núcleo interior do homem. Esse novo modo promete trazer alegria e cessação de ansiedade e tristeza. Diz-se que o novo modo aliará o homem às fontes cósmicas de poder, força e sabedoria. Afirma-se inequivocamente que esse é um caminho para todos os homens, não apenas para uns poucos escolhidos, de modo que todos os homens podem segui-lo.

E assim pregando, esses homens até então desconhecidos agitam um ninho de marimbondos e atraem para si hordas de seguidores e crentes, ao mesmo tempo que provocam ridicularização e severa perseguição por parte da autoridade estabelecida e firmada. Basta examinar superficialmente a história de Moisés, Buda, Jesus e Maomé, para citar apenas alguns dos grandes nomes que primeiro vêm à mente, para reconhecer a universalidade do dramático tema. E no coração dessa sacudidura periódica da humanidade está a prática de concentração e meditação, às vezes conhecida como prece interior.

Uma vez decidido que uma disciplina meditativa é essencial, há algumas coisas fundamentais que devem ser observadas. Digo *devem* e não *precisam*, porque a ênfase varia de pessoa para pessoa.

Postura

Os orientais dão grande destaque à postura como requisito preliminar. Seus manuais descrevem as mais complexas manobras físicas a fim de encontrar a espécie certa de postura meditativa e depois elaboram fantásticas racionalizações sobre o que acontece fisicamente a fim de justificá-las. Convém lembrar que postura da variedade da ioga é fácil para os hindus porque eles assumiram essas posturas naturalmente durante toda sua vida. Não se acostumaram a sentar em cadeiras de uma dúzia de variedades diferentes, como fazemos em nossa existência cotidiana. A posição de lótus, de uma forma ou outra, é algo que eles fizeram durante toda a vida sem que lhe fosse atribuída significação ou importância especial. Basta observar crianças brincando para perceber a magnificência de sua flexibilidade muscular e a facilidade com que são capazes de assumir ou deixar essas posições. Só para pequena porcentagem de ocidentais, europeus e americanos, o domínio dessa posição é uma clara possibilidade e não representa desafio, nem grande dificuldade.

Existe realmente uma única regra a seguir no que se refere a posição meditativa. Patanjali escreveu certa vez que a postura que for fácil e confortável é certa e esse é o único ponto que tem importância para você; se você consegue mantê-la facilmente ou talvez depois de um pouco de prática, passe a usá-la diariamente como sua postura pessoal. Contudo, se você não é uma dessas pessoas (eu pessoalmente não sou, apesar de anos de penosa prática), conforme-se em sentar em posição reta em uma boa poltrona estofada, de modo que seus pés fiquem confortavelmente assentados no chão e sua espinha repouse facilmente contra o encosto. Se necessário, coloque uma pequena almofada entre a poltrona e suas costas a fim de não inclinar-se demais para trás. A cabeça e o pescoço devem permanecer eretos.

Faça questão de praticar diariamente, sentado com as costas retas, as mãos cruzadas no colo, durante alguns minutos, não mais que dez a princípio, sem mover um músculo ou mudar de posição. A parte mais importante desta instrução é a prática *diária*.

Consciência do Corpo

Faça sua mente vaguear por todo seu corpo, a fim de tomar consciência de pequenos desconfortos e dos locais de tensão muscular. Isto é muito importante. Em nenhuma circunstância faça esforço para separar sua mente, sua percepção, dessas sensações corporais. Há uma grande tentação de fazê-lo, de pensar em alguma outra coisa a fim de desviar a mente do desconforto. Deve-se resistir a essa tendência a todo custo. O simples fato de observar essas sensações musculares e viscerais, observando-as a fim de separá-las em sensações ainda mais distintas e sutis, contribuirá muito para produzir um estado de relaxamento físico que ultrapassará tudo quanto você é capaz de conceber neste momento. E isto é completamente separado do ganho do processo propriamente dito – auto-realização e integridade do homem total.

Enquanto pratica, minha sugestão é que os olhos permaneçam fechados. Algumas escolas de meditação, geralmente o Zen, preferem que os olhos sejam mantidos, não inteiramente fechados, mas meio fechados, não focalizados ou então baixados. O motivo desta recomendação é, entre outras coisas, o temor de que, com os olhos fechados, o estudante possa pegar no sono. A posição de olhos meio fechados evita isso. Existe certa validade nessa recomendação, porque, quando o corpo começa a relaxar-se, sentado ou deitado, o estudante mediano está tão desacostumado ao relaxamento que há probabilidade de entrar involuntariamente em estado de sono. Normalmente, não faço objeção a isso. Minha atitude é, antes de tudo, que o sono resultante é de muito curta duração. Em segundo lugar, à medida que a pessoa se acostuma a relaxar-se nesta ou em qualquer outra posição, haverá cada vez menos probabilidade de ocorrer estado de sono e a atitude alerta será mantida.

A melhor posição é a de relaxamento corporal quase total, ao mesmo tempo que a mente permanece inteiramente desperta e vigilante. Assim, o fato de estarem os olhos fechados não é uma desvantagem, mesmo que o indesejável estado de sono ocorra nas fases ou sessões iniciais de prática. Ademais, com os olhos fechados são eliminados inúmeros estímulos externos que interfeririam na exploração do mundo interior. Outros estímulos de áreas muito diferentes da psique estão ainda ativos naturalmente, mas esses são dignos de atenção e, realmente, com observação e exame, alargam os horizontes da psique.

Dúvidas e Temores

Se você tem um aposento separado que possa ser reservado exclusivamente para seu trabalho meditativo, é muito melhor. A queima de um bastão de incenso e uma vela acesa ajudam na produção de uma disposição devocional que pode concebivelmente contribuir para trabalho árduo. Mas se não há aposento extra disponível e se não é possível queimar incenso, nem acender vela, em nenhuma circunstância considere esses fatos como obstáculos ou se julgue condenado.

Esta última atitude geralmente é uma racionalização, um mecanismo psíquico de defesa, a fim de proteger-se contra as inúmeras dúvidas sobre a própria capacidade de obter sucesso ou contra o temor de que, se não aprender a meditar, nunca haverá resultado algum. A pessoa precisa enfrentar a si própria com o máximo possível de honestidade.

Aqui, especialmente, está o valor de um professor. Na medida em que for objetivo, ele pode ajudar o estudante a enfrentar suas dúvidas, suas desonestidades e sua racionalização. Esta confrontação contribuirá muito para ajudá-lo a dedicar-se ao trabalho árduo e sério da prática. Mas se não puder dispor de professor, a pessoa precisa cuidar sozinha desses problemas. Em qualquer caso, o aposento, a vela e o incenso têm apenas pequeno valor. O maior valor está no exercício diário persistente.

Aliado a isso, o estudante deverá aproveitar-se de alguns dos fatos conhecidos a respeito de condicionamento. Pelo menos um dos períodos de prática do dia deverá certamente ser programado para ter lugar à mesma hora todos os dias, sem falta. Desta maneira, tanto a mente como o corpo acostumam-se a obedecer à disciplina auto-imposta pelo processo de condicionamento. Praticar à mesma hora todos os dias estabelece um padrão psicológico favorável que predispõe para o sucesso.

A Questão Ética

Autoridades em matéria de meditação geralmente dedicam certa consideração à questão de ética e moralidade. Complexas regras de conduta e comportamento são estabelecidas dogmaticamente, com a afirmação de que são tão invioláveis quanto as leis dos Medas e Persas. Dizem-nos que elas são importantes preliminares para o trabalho a executar.

Na verdade, porém, descobrir-se-á que elas não têm a menor importância. O único ponto que o estudante precisa observar é o de nada fazer que perturbe seu equilíbrio mental e emocional. Fazê-lo só torna a concentração mais difícil. A mente é bastante difícil de controlar mesmo nas melhores condições; empenhar-se em atividades discutíveis, que têm efeito obsessivo sobre a mente e que preocuparão a pessoa apesar de suas melhores intenções, é certamente uma política errada.

Fatores de Perturbação

Pode-se, portanto, estabelecer certas regras (arbitrárias) que facilitam o desenvolvimento de uma atitude que crie o mínimo possível de dificuldades. Brigar com um companheiro é certamente desaconselhável. Se é preciso lutar, lute-se então entusiasticamente e liquide-se o assunto, de modo que a mente não fique depois horas seguidas ocupada com aquilo. Acima de tudo, deve ser evitada a espécie de debate mental sobre a atividade. Isto é, enquanto rumina sobre os resultados da briga e se apoquenta com eles, a pessoa pode recriminar-se ou condenar-se por não ter respondido de certa maneira a uma observação. Isso é improdutivo, não traz recompensas e deve ser evitado. Pelo menos, verbalize tudo em voz alta e liquide o assunto.

Não é pecado tomar uma refeição antes da prática. Isso deve ser experimentado pelo menos uma vez. Verificar-se-á que não conduz a um estado de alerta, a vigilância ou entusiasmo pela prática. Dessa maneira, a pessoa deve examinar as diversas possibilidades que existem em seu próprio ambiente e sua vida cotidiana, com vistas a determinar seu valor ou sua falta de valor.

Sexo é outro tópico que para algumas pessoas pode mostrar-se fator de perturbação da facilidade de concentração. Eu concordo com Crowley a esse respeito: haverá pouca ou nenhuma idéia clara sobre este tópico antes que sexo seja reconhecido como um ramo de atletismo ou erotologia, sem a menor relação com ética ou moralidade. Bom senso informado e familiaridade com algumas das opiniões mais liberais de psicólogos e sociológos modernos contribuirão muito para o tratamento deste assunto.

Devoção Religiosa

Este é outro tópico levantado como preliminar necessária à prática de meditação. Hoje em dia, porém, é menos necessária do que em anos passados. Um agnóstico ou ateu pode praticar meditação com tanto sucesso e eficácia quanto uma pessoa que reza para pedir a ajuda de Deus ou que afirma constantemente, à verdadeira moda metafísica, que todas as distrações estão fora de harmonia com o ser essencial de Deus. Implorando a graça de Deus, a pessoa acredita que é mais fácil chegar à concentração. *Atitudes religiosas são mais significativas e produtivas como resultado de experiência mística conseguida pela prática de meditação do que aquelas adotadas compulsivamente e previamente como ajuda teórica para meditação*. A prática produz seus próprios resultados místico-religiosos, de que o agnóstico e o ateu podem beneficiar-se, procedendo de acordo com eles. Crenças anteriores são de fato inúteis, a menos que acompanhadas de profunda convicção, intensa emoção e fervor.

Introspecção

Um dos estágios seguintes é introspecção. Só posso comparar isso ao que é conhecido em psicanálise como livre associação. A pessoa simplesmente deixa a mente vaguear, permitindo-lhe mover-se onde quiser, sem obstáculos. A pessoa simplesmente observa. É como soltar um cavalo no pasto, sem corda, sela ou qualquer empecilho à sua liberdade de movimento. Nesta prática, a pessoa prova rapidamente por si mesma um teorema básico da psicanálise: que todos os pensamentos são estritamente determinados. Descobre logo que se pode atribuir todos os pensamentos a uma cadeia de causas que se estende muito para trás no passado. Mas isso precisa ser descoberto pela própria pessoa.

"Antes de saber o que a mente está fazendo, você não pode controlá-la." Assim escreveu há muitos anos Swami Vivekananda e o que ele disse então ainda é verdade.

> Solte completamente as rédeas da mente; muitos pensamentos hediondos podem entrar nela; você ficará espantado por ser-lhe possível ter tais pensamentos. Mas descobrirá que a cada dia as fantasias da mente se tornam menos violentas, a cada dia se tornam mais calmas. Nos primeiros meses, você descobrirá que a mente tem mil pensamentos, mas descobrirá que aquele número se reduziu talvez a setecentos e depois de alguns meses serão menos e menos, até finalmente a mente estar sob perfeito controle. Mas precisamos praticar pacientemente todos os dias. Assim que o vapor é ligado, a máquina deve funcionar e, logo que as coisas estejam diante de nós, devemos percebê-las; assim, um homem, para provar que não é uma máquina, precisa demonstrar que não está sob controle de coisa alguma.

Usando um Gravador de Fita

Um expediente preferido por mim em certa época era usar um gravador de fita durante cada sessão de prática. Sugiro que o aparelho seja preparado para funcionar durante uma hora inteira sem necessidade da atenção do estudante. Isso não quer dizer que no começo toda sessão de prática deve estender-se por uma hora. Pelo contrário, eu sustento que as sessões de prática devem no início ser relativamente curtas – não mais que dez minutos de cada vez. Pode-se praticar uma, duas ou menos três vezes por dia. Com o passar do tempo, à medida que seja adquirida proficiência, o tempo deve ser consideravelmente estendido. Mas o gravador deve ser capaz de gravar durante uma hora inteira, para o caso de a pessoa ser arrastada pelo professor.

A propósito, deve-se determinar antecipadamente o tempo de duração de cada sessão. Se for dez minutos, deve-se ligar um despertador ou um "timer" de cozinha para marcar aquele tempo. Assim que o aparelho soar, a prática deve cessar prontamente. Desta maneira, a pessoa não será arrastada entusiasticamente pelo registro das associações que ocorrem durante a prática de introspecção.

O Conteúdo Oculto da Consciência

Enquanto permanece sentado ereto e imóvel na posição meditativa, verbalize em direção ao microfone próximo todo pensamento, lembrança, idéia, sensação ou sentimento que venha a ocorrer. Se houver um segundo período de prática no mesmo dia ou se houver tempo disponível, a gravação deve ser tocada para que a pessoa possa ouvir o que estava pensando anteriormente.

Em geral, os resultados são chocantes, assim como esclarecedores. Darão ao estudante uma idéia do que está oculto dentro da psique. Só serão chocantes se a pessoa for absolutamente honesta ao verbalizar em voz alta os pensamentos proibidos que ocasionalmente flutuam diante da visão interior. O desenvolvimento de alguma honestidade mental é um enorme ganho.

Depois de realmente tornar-se consciente do conteúdo oculto da consciência e lutar para chegar a um acordo consigo mesmo, os conflitos interiores produzidos pela censura do superego (consciência) são consideravelmente reduzidos, o mesmo acontecendo com o número de "interrupções" na concentração produzidas pela violenta pressão daqueles conteúdos ideacionais e emocionais reprimidos dentro da psique.

Retirando a Energia Mental

A prática de introspecção, gravação de livre associação e reprodução da gravação deve prosseguir por muitos meses até serem dissipados ou reduzidos praticamente a zero o choque e consternação geralmente experimentados diante dos odiosos pensamentos que a pessoa pode ter. Então, ela estará pronta para atacar diretamente o processo de concentração.

Diretamente? Penso que não. O ataque frontal para forçar a mente por um ato de vontade a concentrar-se em um único objeto ou símbolo, embora admirável na intenção, é desviado do ponto de vista *tático*. No final, essa espécie de tática resulta em um tipo de reação semelhante a lutar com um adversário imaginário. Quanto maior o esforço de vontade para forçar a mente a concentrar-se, maior é a reação em termos de divagação mental, resistência manifesta e sensações de cansaço e esgotamento.

Nunca me esqueço de uma observação feita por meu professor quando era menino na escola primária. Disse ele que existem outros meios de matar um cão além de sufocá-lo com manteiga. E existem muitos meios de aprender a concentrar-se além de tentar forçar a mente a obedecer e transformá-la em um instrumento muito mal disposto e resistente.

Importante contribuição para o tema de concentração é o pedido para que consideremos a mente como uma peça de máquina, complicada e infinitamente complexa, mas ainda assim uma peça de máquina. E como tal, deve-se lembrar que máquina exige energia para funcionar. Ora, se fosse possível retirar a energia dessa máquina ou redistribuí-la de alguma maneira, a máquina deixaria de funcionar. Até aqui, tudo bem.

Através da história, tendo essa noção sido muitas vezes considerada, vários expedientes foram empregados para retirar a energia da máquina da mente. Passar fome ou submeter-se a uma dieta restrita foi um dos métodos. Contudo, isso simplesmente arruína o corpo como tal, de modo que não se pode fazer outra coisa senão tratar de um organismo físico doente e funcionando mal. Em qualquer caso, esses expedientes estimulam a mente a tremendos surtos de fantasia a respeito de comida, banquetes, comilanças, a tal ponto que alguns dos antigos queixavam-se amargamente de estarem sendo atormentados pelo diabo e todas as suas hostes.

Flagelação foi usada para reduzir o corpo a submissão por meio de chicotadas, na esperança de que, ao mesmo tempo, a mente também fosse reduzida a submissão e abandonasse sua incessante vagueação. Essa é uma esperança inútil. Geralmente, alguém suficientemente maluco para tentar tais austeridades tem um anseio secreto ou inconsciente por práticas masoquistas; e o fato de alguma forma de prazer resultar do açoitamento estimula a mente à previsão de novos prazeres resultantes da repetição do ato. Nenhuma energia é, de fato, retirada.

Usar silício, abster-se de banho e ser infestado de piolhos, permanecer em pé ou sentado em uma postura por longo tempo e outras formas de mortificação para desafiar a vaidade da mente absolutamente produzem nenhum resultado. Simplesmente transformam todo o processo de aprendizagem de concentração em um pesadelo e uma provação diabólica.

Privar a mente de estímulos sensórios por confinamento solitário é um meio de desligar a corrente, mas nesse caso a pessoa precisa estar preparada para enfrentar a manifestação de estímulos proprioceptivos dos músculos e órgãos do corpo e o aparecimento de alucinações e de imagens e fantasias derivadas inconscientemente. Nada disso parece, de qualquer maneira, privar a mente de sua energia. E assim continua sempre, perpetuando interminavelmente pensamentos, fantasias e lembranças, todos aparentemente destinados, por um poder maligno, a interferir no desenvolvimento de concentração.

Alguns dos especialistas orientais no processo de meditação chamam atenção para o fato de que meditação continuada ou prolongada certamente evocará alucinações específicas, a que dão o nome de *maya*. Essas alucinações nada mais são do que o afloramento e projeção do conteúdo latente do inconsciente. Devem ser reconhecidas como tal, caso contrário dizem que há perigo para a estabilidade da psique.

Mantras

Anteriormente, eu mencionei que uma emoção forte ou uma sensação física poderosa induz uma espécie de concentração espontânea. Não há, porém, retirada de energia, mas talvez seja possível usar os métodos precedentes com um terceiro, que simultaneamente induzirá concentração e fará a energia circular para fora da mente propriamente dita. Temos, então, três tópicos sobre os quais discorrer: emoção, sensação e circulação de energia.

Contudo, antes de lidar diretamente com essas três idéias, há mais uma questão a ser desenvolvida, pois ela tem influência direta sobre aquelas. Existe, tradicionalmente, um expediente simples com o propósito de retardar o rápido movimento da mente em todas as direções ao mesmo tempo. É conhecido como mantra. Afora outras considerações, mantra é simplesmente uma palavra ou frase, em geral de importância sagrada ou religiosa, que é repetida vezes e vezes, audivelmente ou subvocalmente, mas com maior freqüência mentalmente, até que, depois de alguns dias, ela seja adotada pela própria mente. Neste caso, a mente continua a repeti-la automaticamente. Assim, é adquirido um tipo mecânico de concentração que pode então ser usado para promover as metas pré-determinadas.

Existem mantras orientais e afirmações ocidentais. Há pouco o que escolher entre elas. Só sua própria preferência ou preconceito é o fator crucial a ser considerado. Algumas das mantras clássicas orientais são estas: *Om Tat Sat! Tat Twam Asi; Om nimaha shivaya om: Om mani padme hum*. Seja qual for sua significação literal, elas adquirem outra significação depois que sua repetição se torna um processo automático. Visões interiores surgem espontaneamente.

Mantras metafísicas, baseadas no Cristianismo, são muito comuns: "O Senhor é meu Pastor; nada me faltará" obteve ampla popularidade, junto com outras frases extrapoladas das Escrituras.

Uma mantra tirada do missal católico é também muito eficaz: *Kyrie eleison, Christe eleison.* Esse mesmo missal pode ser usado para indicar muitas outras igualmente eficazes. O equivalente de uma dessas frases da Igreja Ortodoxa Russa, *Gospody polmilui,* é muito eufônico e constitui uma boa mantra rítmica. A Igreja Oriental tem um melodioso hino cantado na Sexta-Feira da Paixão, que consiste apenas em duas palavras, entoadas repetidamente de maneira muito eficaz.

"Senhor Jesus Cristo, Filho de Deus, tende piedade de mim, pobre pecador". Esta é uma mantra cristã que foi descrita muito pungentemente em *The Way of a Pilgrim*, livro que todo estudante deve ler. É a respeito de um simples camponês russo, que desejava descobrir o sentido e método da recomendação bíblica "orar sem cessar" e "orar com o coração".

Preciso citar a seguinte passagem desse livro, pois é tão ingênua, sincera e tecnicamente soberba que não deixa de ser útil:

> Retrate para si próprio seu coração exatamente da mesma maneira; volte seus olhos para ele como se o estivesse olhando através de seu peito e retrate-o o mais claramente que puder. E com seus ouvidos escute atentamente suas batidas, batida por batida. Quando já estiver fazendo isso, comece a ajustar as palavras da Oração às batidas do coração, uma depois da outra, olhando para ele o tempo todo. Assim, com a primeira batida, diga ou pense "Senhor", com a segunda, "Jesus", com a terceira "Cristo", com a quarta, "tende piedade" e com a quinta, "de mim". E repita isso vezes e vezes. Será fácil fazê-lo, pois você já conhece o fundamento e a primeira parte da oração com o coração.

No livro, o peregrino está descrevendo o método a um homem cego que se familiarizara anteriormente com o clássico místico russo *Philokalia*.

> Depois, quando estiver acostumado com o que acabo de lhe dizer, você deverá começar a fazer toda a Oração de Jesus entrar e sair de seu coração em cadência com sua respiração, como os Padres ensinaram. Assim, quando aspira, diga ou se imagine dizendo "Senhor Jesus Cristo" e, quando expira, diga "tende piedade de mim". Faça isso com a maior freqüência e o mais vezes que puder. Durante curto espaço de tempo, você sentirá ligeira e não desagradável dor no coração, seguida por calor. Assim, com a ajuda de Deus, você terá a alegria de praticar a oração interior do coração.

Joel Goldsmith dá várias dessas modernas afirmações metafísicas em seu excelente livro *The Art of Meditation*, que deve certamente constar de qualquer lista de obras recomendáveis sobre o tópico de meditação. E naturalmente nunca devemos esquecer o famoso livro de Mary Baker Eddy, que se tornou a espinha dorsal do Movimento da Ciência Cristã. "Deus é Tudo em tudo. Deus é bom. Deus é Deus mente, Espírito, sendo tudo, nada é matéria." Toda essa dogmática declaração (ou parte dela) foi usada como afirmação, com a intenção de voltar a mente da pessoa para Deus, em um ato de concentração, para a cura de males e carências corporais ou mentais. O movimento Novo Pensamento, que evoluiu por vias tortuosas da corrente principal da Ciência Cristã, inventou igualmente centenas de novas afirmações. As pequenas revistas publicadas pela organização Unity dão às vezes uma meditação diferente para cada dia da semana, como auxiliares de meditação.

Os maometanos têm uma longa e sonora mantra árabe, que por pura eufonia tem muito a recomendá-la: *Qol, Hua Allahu achad; Allahu Assamad; lam yalid walam yulad; walam yakun lahu kufwan achad*. Traduzida, quer dizer: "Diga, Ele é Deus sozinho! Deus, o Eterno! Ele não cria e não é criado! Nem existe outro igual a Ele!"

Outra afirmação ou mantra que tem suas raízes em antiga tradição mágico-religiosa é "Não há parte de mim que não seja os Deuses." Originariamente, era parte de um dos rituais do *Livro dos Mortos* egípcio. Em meados do século XIX, foi adotada pela Ordem Hermética da Aurora Dourada, um de cujos chefes, MacGregor Mathers, usava-a como cumprimento a toda pessoa com quem se encontrava.

A mantra de Crowley, do *Livro das Leis,* tem também um ritmo sonoro. Crowley transliterou isso de uma estela egípcia do Museu de Boulak: *A ka dua. Tuf ur biu. Bi aa chefu. Dudu ner af an nu teru.* O sentido poético dessas expressões é dado como sendo:

A unidade extrema mostrou-se!
Eu adoro o poder de Teu sopro,
Supremo e terrível Deus,
Que faz os Deuses e a Morte
Tremerem diante de Ti!
Eu, eu Te adoro!

Uma das famosas mantras budistas é: *Namo tasso Bhagabato Arahato Samma-sambuddhasa*. Seu significado é: "Salve Tu, O Abençoado, O Perfeito, O Supremamente Iluminado."

Existem muitas outras. Resta apenas ao estudante escolher aquela pela qual seja atraído e pela qual sinta alguma simpatia. Realmente não importa qual seja sua natureza. Por exemplo, considere a seguinte: "Eh, blablablá. O gato e o violino. A vaca saltou sobre a lua." Se o estudante achar que pode apreender facilmente essa prosaica cantiga infantil, repetindo-a vezes e vezes, ela lhe servirá tão eficazmente quanto qualquer outra mantra.

Praticando Com Uma Mantra

Seja ela qual for, escolha uma mantra que lhe sirva – e depois comece a praticar. Eu sugiro que no início a mantra seja repetida audivelmente. Só mais tarde, quando crescer a familiaridade com o processo, ela deve ser transferida para a psique a fim de ser repetida silenciosamente ou mentalmente.

Minha predileção é na área da Qabalah. Uma mantra que eu usava com freqüência é *Eheieh,* o nome divino atribuído a *Kether,* a primeira *Sephirah* ou emanação na Árvore da Vida. No passado, eu muitas vezes visualizava uma grande letra hebraica, *Shin*, em fortes traços vermelhos, acima da cabeça, ao mesmo tempo que vibrava continuamente essa única palavra. Em outras ocasiões, usei *Achath Ruach Elohim chayim*, que significa: "Um (é ela) o Espírito do Deus Sempiterno." A significação é, porém, subordinada à continuada vibração do nome e ao treinamento da mente para adotá-lo espontaneamente. Isto parece difícil – como toda a questão de prática nesta área. Mas, uma vez conseguida uma disciplina firme, é muito menos difícil do que se previa. Provavelmente, a parte mais difícil de todo o projeto é simplesmente fazer com que a mente comece e depois continue firme. Vencida essa resistência inicial, o domínio de uma mantra é, na verdade, relativamente fácil.

Se o estudante é uma pessoa de mentalidade religiosa – seja qual for sua denominação, que não é particularmente importante nesta questão – o uso de uma mantra pode ser infinitamente compensador. A repetição da frase – seja dos Salmos, dos Evangelhos, do Alcorão, dos Vedas ou mesmo do *Livro dos Mortos* – é acompanhada pelo aparecimento de muito efeito. O cabalista judeu sinceramente devoto que repete a antiga oração "Escuta, ó Israel: o Senhor nosso Deus, o Senhor é Um", está investindo essa sentença de tremenda quantidade de energia e emoção. *É esta paixão que dirige a mente fixamente para a manutenção da repetição até ser obtida concentração.* E o mesmo acontece com o católico ortodoxo que, como o herói de *The Way of the Pilgrim,* repete fervorosamente "Ó Senhor Jesus Cristo, Filho de Deus, tende piedade de mim, pobre pecador." A carga de emoção na repetição mecânica da mantra força a mente recalcitrante a comportar-se, induzindo profundo estado de concentração. Com prática, a concentração pode ser ligada e desligada, até tornar-se uma faculdade prontamente disponível, como é a corrente elétrica em uma casa moderna.

Mantras Para Ateus ou Agnósticos

O agnóstico ou ateu que não tem sentimento religioso e que, por isso, não é emocionalmente tocado pelas mantras religiosas mais convencionais, pode ainda assim colher os claros benefícios obtidos pelo emprego de emoção como instrumento. Pode selecionar alguma frase de um poema ou de um romance de qualquer espécie, que o tenha comovido profundamente – estou certo de que isso aconteceu em algum tempo a quase todo mundo – e depois usar aquela frase como sua mantra. Na falta disso, pode voltar-se para alguma experiência privada pessoal, como a corte feita a uma namorada nos dias da adolescência, quando a emoção era grande. E retratando na mente aquela namorada, pode repetir vezes e vezes, como se fosse uma mantra religiosa: "Querida, eu te amo! Querida, eu te amo!" Se essa combinação de retrato mental e frase repetida puder evocar a profunda emoção que foi sentida muitos anos antes da prática, ela não terá menos sucesso no desenvolvimento de concentração do que a mantra religiosamente orientada.

O Primeiro Estágio

"Que significa prender a mente a certos pontos?" pergunta Vivekananda em seu excelente livro *Raja Yoga*. "Forçar a mente a sentir certas partes do corpo com exclusão das outras. Por exemplo, tentar sentir a mão, com exclusão das outras partes do corpo. Quando a *Chitta,* ou matéria da mente, é confinada e limitada em certo lugar, isso é o que se chama *Dharana*. Este *Dharana* é de várias espécies e, juntamente com ele, é melhor um pouco de ação da imaginação. Por exemplo, a mente deve ser levada a pensar em um ponto no coração. Isso é muito difícil; uma maneira mais fácil é imaginar um lótus lá. O lótus está cheio de luz, luz radiante. Ponha a mente lá."

Respiração

O estágio seguinte é praticar respiração rítmica simples. A simplicidade deste método é de grande vantagem. Consiste em aspirar lentamente contando até certo número e depois expirar contando até o mesmo número. Se o tórax da pessoa é muscularmente duro, ela deve ser orientada para escolher um ritmo curto (como 1, e 2, e 3, e 4) e depois expirar no mesmo ritmo. É minha sugestão incluir "e" entre cada dois números a fim de retardar o processo de contagem. Isto é muito importante, pois não apenas faz com que o estabelecimento do ritmo produza alguns resultados físicos perceptíveis, mas ao mesmo tempo a extensão gradual do ritmo resulta no retardamento da atividade mental. À medida que sejam descarregadas as tensões, ritmos mais longos podem ser usados.

O desenvolvimento do ritmo mais cedo ou mais tarde produz sensações físicas bem definidas, principalmente de duas espécies: – embora isso não queira dizer que não haja muitas outras. A primeira é experimentar uma sensação de formigamento em todo o corpo. Isso pode ser facilmente comparado com aquela sensação que se tem quando se aperta um membro e a circulação é inicialmente cortada por alguns segundos. Quando cessa a pressão, uma sensação de formigamento é experimentada ao restaurar-se a circulação sangüínea. Respiração rítmica inicia-se com uma sensação análoga em todas as células do corpo inteiro.

Paralela a isso há uma sensação peculiar de ondulação muito difícil de descrever, que é experimentada no segmento diafragmático do tórax. Quando se torna estabelecida pela persistência na respiração rítmica, ela tende a espelhar-se amplamente, até tornar-se uma sensação bem definida de pulsação em todo o corpo. É preciso experimentar a sensação para apreciar plenamente a natureza desta descrição. Finalmente, essas sensações são acompanhadas por sentimentos agradáveis. Alguns as descrevem como "suaves", "dissolventes", "deliciosas".

Essas sensações extraordinárias e incomuns não são senão os arautos da inefável bem-aventurança e êxtase que ocorrerão um dia quando se desdobrar o resultado espiritual posterior. "O corpo está cansado e a alma está muito cansada, mas sempre perdura a consciência de êxtase, desconhecida, porém conhecida no sentido de que sua existência é certa. Ó Senhor, sede meu auxiliador e trazei-me a bem-aventurança dos amados."

O Poder do Ritmo

A experiência de uma reação emocional agradável, por mais delicada ou ligeira que seja a respiração rítmica, contribuirá muito para facilitar o estado de concentração. Com o processo causando prazer, a mente terá menos tendência a vaguear – exceto em direção a outras experiências anteriores em que o prazer foi a tônica. Provavelmente a mente vagueará um pouco em torno de experiências puramente agradáveis. Contudo, por mais que vagueie, isto representa o começo de alguma concentração em um tópico determinado.

Além disso, a experiência de uma sensação física definida ou de uma ondulação diafragmática será animadora e encorajadora para o principiante. Constitui outra ajuda para a focalização da mente em um único ponto – neste caso, o próprio processo de respiração. O fato de precisar contar mentalmente a fim de estabelecer o ritmo também conduz a concentração. Uma ajuda mecânica nesse sentido é um metrônomo. Ouvir o alto tique-taque e marcar o tempo da respiração em coordenação com o som é ainda outra ajuda para concentração.

Mas isso não é tudo. Sabe-se há muito tempo que hiperatividade mental está de alguma maneira ligada a rapidez respiratória. Quando ficamos mentalmente perturbados ou excitados, a respiração tende a tornar-se mais rápida. Isto sugere que, se retardarmos a respiração para uma cadência facilmente rítmica, a furiosa turbulência da mente segue o exemplo e pode ser controlada, de tal modo que, após a pessoa ter-se acostumado a respirar em um ritmo simples, digamos, inspirar até quatro e expirar até quatro, o ritmo pode ser mudado para inspirar até quatro e expirar até oito. Novamente, a conjunção "e" deve ser introduzida entre cada dois números, a fim de prevenir a possibilidade de apressamento. Acima de tudo, deve ser evitada tensão. Aqui o bom senso do estudante precisa entrar em ação. Se tiver um amigo mais experiente ou um colega que possa servir neste caso como professor autorizado, este fará com que o estudante não se apresse ou se esforce enquanto procura obter um ritmo prolongado.

Fascinando a Mente

À medida que sejam conseguidas perícia e facilidade, o ritmo pode ser mudado em uma variedade de maneiras: primeiro, para evitar tédio, que é um inimigo sempre presente, segundo, porque as sensações diferentes produzidas por um ritmo diferente terão o efeito de fixar a mente sobre elas. Em outras palavras, *as próprias sensações facilitam a concentração.*

Nunca será demais acentuar esta noção. Em minha experiência, ela é muito importante e eu não acho que isso tenha sido suficientemente salientado por autoridades modernas que, estou certo, sabem muito mais do que eu a respeito de concentração e meditação. Inicialmente, eu obtive a chave em dois livros clássicos sobre ioga: *The Hatha Yoga Pradipika* e *The Shiva Sanhita*. Ambos descrevem toda uma variedade de práticas bizarras, que em nada nos interessam aqui. Mas quando os li, anos atrás, notei uma frase comum a ambos: que quando os sons do Nada ocorrem (A Voz do Silêncio, como disse Blavatsky) – sons que são internamente emitidos quando certas práticas são executadas – a mente fica fascinada por eles, sendo arrastada para eles irresistivelmente da mesma maneira que um pássaro é irresistivelmente fascinado pelo firme olhar de uma serpente.

Guardei comigo essa descrição durante muitos anos, até que, no curso de considerável experimentação com processos de respiração –

como parte da preparação para meditação e, mais tarde, como instrumento operacional do sistema reichiano de psicoterapia – repentinamente eu as liguei. Isso porque descobri que aqueles processos de respiração, mesmo em nível superficial, sem ter progredido ao ponto de produzir os sons do Nada, causavam uma variedade de sensações somáticas e viscerais. Estas deixaram-me completamente fascinado, tanto que divagação era a última coisa do mundo que poderia acontecer. Depois, com o passar dos anos, ocorreu-me que isto poderia ser usado como instrumento operacional no desenvolvimento de concentração. Em outras palavras, *concentração seguia-se espontânea e inevitavelmente quando a prática de respiração produzia reações sensórias maciças*.

Efeito de Concentração Prolongada

Fenômeno muito interessante pode ser observado como resultado disso. Se, por exemplo, uma série de curiosas sensações de comichão e formigamento é iniciada nos pés, a atenção da pessoa é automaticamente atraída para aquela área. Desenvolve-se concentração nos pés. O primeiro efeito dessa concentração é que as sensações se tornam, gradualmente, enormemente intensificadas. A pessoa sente os pés vivos, zumbindo, cheios de energia elétrica, ou assim parece. Isso pode continuar por tempo considerável.

Agora, se a concentração persiste naquele lugar, estável e firmemente, acontece uma coisa para a qual a pessoa está totalmente despreparada. O formigamento continua – mas aparece uma sensação de entorpecimento nos pés. Gradualmente, toda a percepção dos pés desaparece inteiramente. Isto é absolutamente paradoxal. Os pés dão a impressão de estarem vivos e vitais, mas ao mesmo tempo não há percepção direta dos pés. Em outras palavras, evolui daí uma lei básica. Se a concentração é prolongada, a sensação passa a ser quase inteiramente apagada. Os pés desaparecem da consciência.

Se a pessoa estiver se concentrando em sensações no nariz, em pouco tempo não terá mais a menor percepção do nariz. Este desaparece completamente. Para certificar-se de que o nariz ainda está lá, a pessoa talvez precise abrir os olhos e olhar em um espelho ou levar a mão ao rosto.

Um método que tem certa semelhança com este é encontrado no Zen Budismo da seita Soto. Recomenda ele uma prática de meditação: "Este mesmo corpo é Buda." Quando se persiste na meditação, ocorrem fenômenos psicológicos do tipo acima mencionado, pois a percepção do corpo desaparece para ser substituída por outra espécie de percepção. Esta, quando objeto de meditação, é também apagada de maneira muito semelhante.

Deslocando o Ego

Esta descoberta provoca as mais sérias e importantes considerações quando se está trilhando o caminho. É axiomático na maioria dos ramos de misticismo e ocultismo que o ego – a mente consciente ou o córtex do cérebro – é o "dragão no caminho". "A mente é o matador do Real. Faça com que a disciplina mate o matador." Quer isso dizer que ele é o obstáculo à compreensão de que Deus está aqui e agora, de que na realidade não existe separação entre homem e Natureza ou entre uma alma qualquer e o universo inteiro. Esta unidade existiu desde tempos imemoriais e continuará a existir em todo o tempo futuro. São só as limitações de nosso pensamento, de nossa consciência superficial alimentada por estímulos dos sentidos, que nos vedam realidade da onipresença e imanência de Deus. A "heresia de separação" é essencialmente um produto do ego. Não é um fato da natureza.

Portanto, se o ego puder ser afastado do caminho por um ou outro expediente, poderemos tornar-nos conscientes ou poderemos *perceber* como fatual a unidade de toda vida. No sono, o ego é deslocado, mas o percebedor também o é; na embriaguez, o ego é eclipsado e o percebedor também o é; na concentração, a pessoa disciplina-se para ser capaz de reunir todo pensamento em um único ponto – e depois finalmente abandoná-lo por completo. Em outras palavras, este treinamento é planejado de modo que a pessoa possa deixar de pensar à vontade e restabelecer o pensamento, quando é necessário voltar às atividades cotidianas, também à vontade. Quando o pensamento está suspenso dessa maneira, mas mantendo vigilância e percepção consciente, então isso é iluminação. Deus existe! Sempre foi assim e será sempre assim. Restava apenas tirar o ego do caminho.

Quando se considera a lei de concentração que estamos discutindo, torna-se claro que, se a atenção fosse concentrada no próprio ego, a princípio tal percepção do ego poderia ser extraordinariamente intensificada. A pessoa pareceria ter um ego hipertrofiado, uma egomania. Mas se a concentração fosse prolongada, essa egomania cederia e finalmente desapareceria inteiramente. Deixaria apenas uma mente ativamente vazia – por mais paradoxal que isto pareça – agudamente consciente de ser uma com Deus, Amor, Vida e Beleza.

Se precisamos apontar as metas da Grande Obra, do desenvolvimento de concentração e meditação, nós as encontramos aqui: tornar-se agudamente cônscio da própria identidade essencial com a raiz e fonte da própria vida e tornar-se uma agência consciente de sua contínua atividade. Egoísmo enraizado no eu é universalmente ampliado de modo a incluir o Eu de Tudo, porque Aquilo é Tudo que existe. Meditação sobre as mantras hindus revelará que essa é a significação de *Tat Tvam Asi*.

Para chegar a essa exaltada consciência mística, que é a meta de todos os sistemas de iluminação, orientais ou ocidentais, nós precisamos tornar-nos adeptos da utilização de concentração e meditação. E é por isso que estamos discutindo meios de desenvolver técnicas que levem a seu domínio.

Hiperventilação

Há uma conseqüência fisiológica chamada hiperventilação, para a qual precisamos chamar atenção aqui. Sem ela simplesmente não há compreensão do que transpira em algumas das mais avançadas aplicações da técnica respiratória. O que acontece quando alguém continua respirando, com períodos mais longos de exalação e períodos mais longos de pausa entre exalação e inalação, é que a maioria do dióxido de carbono dentro dos alvéolos dos pulmões é soprada para fora e maiores quantidades de oxigênio são levadas para dentro.

(Devo insistir, por causa dos leitores que leram alguma coisa a respeito de Ioga e meditação, que nenhuma alternativa de respiração por uma só narina é recomendada neste ensaio. Não há ginástica, ocultista ou fisiológica, nestes exercícios simples de treinamento para meditação. Tenho o maior respeito por Ioga e pranayama. Mas não estamos tratando aqui desse processo. As duas narinas são conservadas abertas. As mãos são deixadas relaxadas no colo e não são levadas ao rosto para abrir ou fechar uma ou outra das narinas.)

O resultado de receber excesso de oxigênio leva a uma extraordinária seqüência de acontecimentos, que foram observados e registrados por fisiologistas. A maioria deles apenas observou-a como um processo patológico. Coube a Wilhelm Reich, psiquiatra e durante certo tempo discípulo de Freud, perceber que ela poderia ser usada como instrumento operacional na psicoterapia; e, modestamente, coube a mim notar que ela pode ser usada como instrumento para produção de concentração.

Com a inalação de excesso de oxigênio – ou com a expulsão de dióxido de carbono residual, o que é dizer a mesma coisa – uma mudança química é produzida na corrente sangüínea, tornando-a mais alcalina. Isto, por sua vez, altera o ambiente químico do cérebro, de modo que sua função essencial é modificada. O que acontece é análogo a dizer que o indivíduo fica embriagado, não de álcool, mas de oxigênio. O fluxo normal de pensamentos e sentimentos, e a função corporal são consideravelmente alterados e o indivíduo, a menos que seja previamente preparado por instruções como estas, pode sentir-se inclinado a pensar que está "fora dos eixos". Ele *é* efetivamente tirado de sua espécie normal e monótona de funcionamento e uma ampla variedade de sensações físicas, emocionais e mentais é produzida.

A única conseqüência somática contra a qual ele precisa estar um tanto em guarda é tetania. Isso consiste em espasmos tônicos, com rigidez desenvolvendo-se em diferentes conjuntos de músculos em todo o corpo. Difere em cada pessoa, porque cada pessoa tem seu conjunto peculiar de tensões musculares, relacionado com sua própria história individual e lastro emocional. *A hiperventilação meramente intensifica as tensões musculares já existentes, até um ponto em que pode ocorrer tetania.*

Este fenômeno foi há muito tempo observado na literatura iogue, onde é mencionado que em certos estágios de desenvolvimento pode ocorrer "rigidez automática" e que o corpo pode saltar de um lado para outro como um sapo. Na respiração iogue ou pranayama, isto tem realmente probabilidade de ocorrer e representa um passo distinto no progresso pessoal. Na espécie de respiração descrita neste ensaio, tetania é quase impossível – salvo talvez em uma minoria muito pequena de pessoas de respiração curta, com estrutura de caráter histérica, que são também sensíveis a excesso de oxigênio. O estudante mediano a quem este ensaio é dirigido provavelmente não praticará durante horas cada vez, nem adotará a técnica pranayama peculiar ao Hatha-Ioga. Por isso, nada há a temer nesse sentido. Não existe aqui o menor perigo.

Caso ocorra leve sugestão de tetania, a técnica de respiração deve ser momentaneamente descontinuada, permitindo-se que a respiração volte a seu padrão normal, ao mesmo tempo em que a pessoa se ocupa com tarefas prosaicas puramente de rotina. Se isto não for adequado, a pessoa deve arranjar um grande saco de papel pardo e respirar dentro dele. Dessa maneira, inspira seu próprio dióxido de carbono, tornando rapidamente o sangue mais ácido, caso em que a tetania, devido à superalcalinização, desaparecerá. No mais das vezes, o efeito declinará sozinho, sem ser preciso fazer coisa alguma.

Os únicos sintomas significativos que precisamos mencionar aqui são: desenvolvimento de fortes formigamentos em todo o corpo, deliciosa sensação de relaxamento de tensões musculares, tontura, pulsação de energia fluindo da cabeça aos pés, sensações de considerável prazer e sensações de palpitação e tremor interno, que finalmente produzem um maravilhoso sentimento de tranqüilidade e libertação.

Hiperventilação às vezes produz descarga afetiva, de modo que a pessoa pode sentir-se inclinada a rir quase histericamente ou sucumbir e desfazer-se em lágrimas. Se qualquer desses fenômenos ocorrer, não há necessidade de alarma. Considere-o apenas como estágios distintos de progresso, que resultam na descarga de emoções e sentimentos reprimidos e compreenda que, depois de descarregados esses sentimentos, a capacidade de concentração é enormemente aumentada.

Koans

Esses, porém, são os momentos cruciais (precisamente quando a função do cérebro e do sistema nervoso central sofreu mudança radical) em que se deve empregar todo expediente conhecido para *aspirar* avidamente e entusiasticamente pelo mais alto. As orações de antigamente ou as afirmações de hoje em dia mostrar-se-ão agora proeminentemente úteis. Mantras iniciadas neste ponto serão absorvidas espontaneamente e atuarão quase como se fossem *koans* do Zen.

Que é *koan*? De acordo com a maioria das autoridades, *koan* é, com efeito, não um enigma a ser astuciosamente resolvido por uma ágil mente de macaco; nem é meramente um engenho psicológico para, por mudança ou choque, levar o ego anteriormente fraco de um estudante a uma nova espécie de equilíbrio. Certamente, não é um paradoxo, salvo para aqueles que nunca o perceberam interiormente. É, contudo, uma declaração simples, clara e direta, partindo de um estado específico de consciência que ele ajudou a obter.

Portanto, uma afirmação ou invocação neste ponto determinado de desenvolvimento elevará o estudante ao mais alto estado de consciência espiritual que ele é capaz de atingir. Seu emprego pode ajudar a precipitar a iluminação pela qual ele vem trabalhando há muito tempo. É como colocar uma flecha em um arco retesado. Quando a corda é solta, a flecha é disparada com força em direção ao alvo. "Eu mirei o descascado alvo de meu Deus e acertei; sim, eu acertei."

Suspensão de Respiração

Tendo falado de plena respiração e hiperventilação, devo fazer menção, brevemente, a outro fenômeno diametralmente oposto. Quando aparecem alguns dos resultados superiores de meditação, a respiração às vezes parace ficar quase totalmente suspensa. Na realidade, é uma respiração muito ligeira, delicada, existindo por assim dizer sob o diafragma – muitas vezes chamada respiração interior – que foi primorosamente descrita pelos antigos taoístas "como a respiração da criança no útero".

Outras Técnicas de Respiração

Existe uma antiqüíssima variação de respiração que é encantadora em sua simplicidade e milagrosa em seu efeito. Nenhum ritmo é deliberadamente estabelecido no processo de respiração. Nenhuma tentativa é feita para regulá-la de qualquer maneira. A pessoa meramente respira de maneira comum e natural. Mas, enquanto o faz, simplesmente observa: "A respiração flui para dentro. A respiração flui para fora." Só isso. Parece muito simples e basicamente é muito simples.

Ao fazê-lo, a pessoa pode tornar-se agudamente cônscia das narinas, contra as quais bate a onda de ar que entra; em seguida, depois de algum tempo, dos turbinados às porções superiores do nariz; mais tarde, da garganta e em seguida da árvore brônquica e dos próprios pulmões. Talvez valha a pena imaginar o ar, como entrando e saindo, como um nevoeiro branco que a pessoa é capaz de observar e acompanhar. E enquanto faz tudo isso, a pessoa está-se concentrando.

Finalmente, como resultado dessas práticas de respiração e da aquisição de concentração, a pessoa pode tornar-se consciente de que está sendo enormemente vitalizada. A impressão é de estar sendo saturada de energia cósmica, que flui através de todas as células e poros de seu ser. Neste estágio de prática, a pessoa precisa aprender a circular a energia – e, dessa maneira, voltar ao tema de uma página anterior – a fim de retirar a energia da mente. Depois de adquirida essa espécie de capacidade, a pessoa precisa meramente pensar e ligeiramente querer que a energia se mova e, naturalmente, ela se move. Existem vários métodos de circulação.

Circulação de Energia

A antiga abordagem cabalística consiste em concentrar-se na parte superior da cabeça, imaginando que esse é o centro da vida espiritual, que é o Eu Universal; ao fazê-lo, imaginar e querer que todas as energias nas áreas inferiores do corpo sejam gradualmente puxadas para cima, sugadas, por assim dizer, em direção à luz acima da parte superior da cabeça. É necessária persistência, dedicando-se à prática dia após dia. Em um desses dias, quando trabalhando, assim diz Vitvan, há uma explosão interior, o circuito elétrico é, por assim dizer, completado e ocorre a iluminação. A pessoa *sabe*. Não com conhecimento do cérebro ou da mente, mas com percepção de sua própria ascendência divina e da natureza divina – meta de todo trabalho místico e começo da liberdade espiritual.

O método completo é bem mais detalhado e é escrito com certas minúcias no ensanio *The Art of True Healing* (ver no final do volume). Consiste basicamente na visualização de cinco centros dentro do organismo e na vibração de certos nomes cabalísticos dentro daqueles centros. Isto desenvolve ou descarrega vastas quantidades de energia que são circuladas de uma variedade de maneiras até o organismo ficar encerrado dentro de uma vasta esfera giratória de luz-energia.

Método semelhante de circulação era empregado pelos taoístas chineses muito tempo atrás. O estudante que estiver interessado deve consultar a tradução, por Richard Wilhelm, de um antigo texto chinês, incluída em *Secret of the Golden Flower*, de Jung.

Atingido este estágio, em resultado da postura reta, de respiração simples e da prática de mantras, a realização de concentração tornar-se-á um fato. A partir deste ponto, podem ser instituídas algumas das práticas clássicas, porque através dela a consecução de uma experiência mística torna-se uma possibilidade. Chame-se União com Deus, descoberta do Eu Interior ou percepção da natureza de Buda, esta é a meta a ser visada assim que concentração seja uma faculdade desenvolvida.

Visualização de Objetos

Objetos perfeitamente prosaicos podem ser tomados, visualizados e tornados foco de concentração. Por exemplo, aqui está um conjunto clássico de instruções para *Dharana*, o controle de pensamento, que pode ser muito útil neste estágio determinado:

1. Obrigue a mente a concentrar-se sobre um único objeto simples imaginado.

Os cinco tatvas são úteis para este propósito. São eles: um oval preto, um disco azul, um crescente prateado, um quadrado amarelo e um triângulo vermelho.

2. Passe para a combinação de objetos simples: por exemplo, um oval preto com um quadrado amarelo e assim por diante.

3. Passe para objetos móveis simples, como um pêndulo oscilando, uma roda girando, etc. Evite objetos vivos.

4. Passe para a combinação de objetos móveis: por exemplo, um pistão subindo e descendo enquanto um pêndulo oscila. A relação entre os dois movimentos deve ser variada em diferentes experiências.

Ou mesmo um sistema de volante, excêntrico e regulador.

5. Durante essas práticas, a mente deve estar absolutamente confinada no objeto determinado; nenhum outro pensamento deve ter permissão de invadir a consciência. Os sistemas móveis devem ser regulares e harmoniosos.

6. Observe cuidadosamente a duração da experiência, o número e natureza dos pensamentos invasores, a tendência do próprio objeto a afastar-se do curso estabelecido para ele e quaisquer outros fenômenos que possam apresentar-se. Evite excesso de esforço. Isto é muito importante.

O Emprego de Hipnotismo

É preciso considerar mais uma abordagem. Relaciona-se com a cooperação de outra pessoa treinada. Parece-me que sugestão hipnótica nas mãos de um professor seguro, treinado em meditação, poderá ser enormemente valiosa. Isto não elimina a necessidade de disciplina e prática prolongada. De maneira nenhuma. Mas pode tornar as realizações de disciplina e prática mais fáceis para alguns tipos de estudantes.

Não há razão para que, se o estudante for considerado sugestionável, o professor de meditação deixe de promover várias sessões hipnóticas nas quais algumas noções básicas são estabelecidas. Poder-se-ia sugerir (após verificar que a indução hipnótica elementar e preliminar foi eficaz) que o estudante praticasse diariamente. Uma discussão anterior determinará quantas vezes e quando o estudante poderá praticar e se ele deseja fazê-lo. Depois, o número de práticas será cuidadosamente declarado durante a hipnose, bem como a duração do tempo a ser dedicado a cada período de prática. O professor pode então esperar tempo considerável para ver se o estudante está cooperando ou reagindo às sugestões hipnóticas.

Se houver reação razoável, as sugestões hipnóticas poderão ser estendidas. Por exemplo, poderão ser feitas sugestões de que dali para frente o estudante achará fácil, no período de prática de tal e tal hora, manhã, meio-dia e/ou noitinha, concentrar todos os seus poderes mentais em uma série de tópicos, símbolos ou conceitos pré-preparados. Talvez sejam necessárias consideráveis ênfase e repetição para que essas sugestões se tornem eficazes; mas não existem razões para que não se tornem eficazes.

O argumento habitual contra esta espécie de abordagem técnica é que ela elimina a responsabilidade pessoal do estudante; que não é auto-induzida e auto-planejada. Este argumento é quase sem fundamento. O estudante é ainda obrigado a praticar, e praticar de maneira árdua e rigorosa. Terá discutido com seu professor o que deve e não deve ser sugerido na hipnose e terá dado seu total consentimento para o processo. Mas é ainda sua mente que ele precisa concentrar e terá de dedicar considerável tempo e esforço para conseguir sucesso. Nada dos processos tradicionais é mudado, salvo talvez que uma ajuda, incentivo ou motivo adicional foi acrescentado.

Neste sentido, deve-se lembrar sempre que toda hétero-sugestão se torna, em última análise, auto-sugestão. É sugestão dada e aceita pela própria pessoa, mas com o auxílio de uma segunda pessoa.

Em certo sentido, este auxílio sempre foi reconhecido. Às vezes, o estudante tem permissão de meditar na companhia ou na atmosfera do professor. Se o estudante fez uma transferência para o professor ou era profundamente dedicado a ele, sabe que esta prática é de considerável ajuda. Às vezes, recorre-se à meditação de grupo. Tem sido teorizado que, se um grupo de estudantes pratica junto em uma sala de meditação – como é comum nos ambientes do Zen Budismo

– todos beneficiam-se enormemente por ficarem concentrados mais rápida e facilmente.

Eu não duvido da eficácia de qualquer desses processos. Simplesmente é minha afirmação que, se eles são válidos, sugestão hipnótica é também válida e deve ser usada em certos casos selecionados, como meio de eliminar resistências e obstáculos psicológicos obstinados.

Convém mencionar que enquanto são realizados esses exercícios de qualquer tipo, deve ser feito um registro. Deve-se manter um livro ou diário para o fim de registrar as práticas realizadas, a hora do dia, a disposição da pessoa, a espécie de tempo em geral prevalecente e todas as outras condições de que a pessoa possa ter conhecimento e que possam ter alguma influência sobre as experiências realizadas. Faça o registro tão abrangente quanto possível, mas não necessariamente longo. Um dia no futuro, depois de obtida alguma realização, esse registro será de considerável valor. E, se você tem a sorte de contar com a orientação de um professor de qualquer grau, ele desejará ver o registro para saber em que medida você foi ou não foi completo.

A União Final

As instruções citadas acima mencionaram apenas os objetos mais prosaicos a serem usados para forçar a mente sobre um único ponto. Por outro lado, objetos que têm significação religiosa, mística ou oculta no mais das vezes produzem resultados mais rápidos. E, embora sejamos aconselhados a "trabalhar sem ânsia por resultado", esta atitude é o resultado, mais do que o pré-requisito, da experiência mística. Depois que a pessoa descobriu o Deus interior, a natureza de todas as suas reações a si mesma, a seu próprio ambiente (que é visto como autocriado) e a tudo o mais, sofre uma maciça revolução. Uma dessas mudanças, naturalmente, funciona de modo que os frutos da ação não nos dizem respeito. Isto é Karma Ioga no verdadeiro sentido da palavra. Os resultados dizem respeito a Deus e isso é tudo.

Meditação consiste em voltar a mente concentrada para qualquer tópico determinado que exija atenção. Todas as discussões anteriores foram dedicadas a desenvolver concentração, sem a qual a chamada meditação é meramente devaneio e fantasia descontrolada. Meditação baseada em concentração resulta em união entre quem medita e aquilo em que está meditando, na união do sujeito com o objeto, na união de Deus e Homem. Independentemente da linguagem empregada para descrevê-la – quer usemos termos orientais, como *Dhyana* e *Samadhi* ou a realização de *Moksha* ou *Mukti* – esta é a meta visada pela meditação.

Representa independência e liberdade no sentido mais amplo e filosófico das palavras. Unidade e universalidade da vida, amor e beleza são os componentes espirituais da iluminação, que é realizada com reverência, admiração e verdadeira simplicidade. "A terra é do Senhor e tudo quanto nela se contém." E quando, em meditação, *Tat tvam asi* é visto como sendo a verdade, o Meditador e o Senhor são um só.

Então, com que finalidade todo este árduo trabalho, disciplina e constante oração, esta espantosa labuta para desenvolver concentração? Algumas das metas visadas foram descritas simplesmente. Duvido que se ganhe alguma coisa com muita retórica ou descrição dos estados místicos procurados ou aspirados. Contudo, para encerrar este ensaio, não posso fazer melhor do que citar, como exemplo, a iluminação de Jacob Boehme, um dos maiores místicos cristãos de todos os tempos.

Sentado um dia em seu quarto, "seus olhos caíram sobre um prato de estanho polido, que refletia o sol com tão maravilhoso esplendor, que ele caiu em êxtase interior e pareceu-lhe que podia então olhar dentro dos princípios e dos mais profundos fundamentos das coisas. Acreditou que era apenas uma fantasia e, a fim de bani-la de sua mente, saiu para o gramado. Mas ali observou que olhava dentro do próprio coração das coisas, das próprias ervas e grama, e que a natureza real harmonizava-se com o que tinha visto interiormente. Nada disse sobre isso a ninguém, mas louvou e agradeceu a Deus em silêncio."

Não muito tempo depois dessa iluminação inicial, "ele foi novamente cercado pela luz divina e enchido com o conhecimento celeste; de tal modo que, indo pelos campos até um relvado diante de Neys Gate, em Goerlitz, lá se sentou e, olhando as ervas e grama do campo em sua luz interior, viu dentro de sua essência, uso e propriedades, que lhe eram descobertas por seus lineamentos, figuras e sinais. De igual maneira contemplou toda a criação e a partir desse fundamento escreveu posteriormente seu livro *De Signature Rerum*. No desdobramento desses mistérios diante de seu entendimento ele teve grande alegria, mas voltou para casa e cuidou de sua família e viveu em grande paz e silêncio, mal sugerindo a alguém essas coisas maravilhosas que lhe haviam acontecido".

OUTRAS LEITURAS

Art of Meditation, Joel Goldsmith.
Patanjali's Yoga Aphorisms, William Q. Judge.
Science of Breath, Yogi Ramacharaka.
Part One of Book Four, Frater Perdurabo (Aleister Crowley).
Concentration and Meditation, Loja Budista (Londres).
Meditation, Vitvan (Escola de Ordem Natural).
The Zen Koan, Ruth Fuller Sasaki.
Spiritual Exercises, Santo Inácio de Loiola.
Man's Highest Purpose, Karel Weinfurter.
The Way of a Pilgrim, traduzido do russo por R. M. French.

4. A QABALAH DE NÚMERO E SIGNIFICADO

UM MANUAL ELEMENTAR DE PROCESSOS NUMÉRICOS

Quando tinha cerca de dezesseis anos de idade, interessei-me pela primeira vez pela Qabalah o suficiente para ler vorazmente o pouco que naquele tempo se encontrava a respeito dela em inglês. Era surpreendentemente pouco em quantidade e qualidade.

Depois, quando passei a residir em Washington, D. C., fiz da Biblioteca do Congresso meu segundo lar. Encontrava enorme prazer em correr os olhos, não só pelos extensos catálogos, mas também, após obter permissão, pelas vastas estantes. No devido tempo, estabeleci relações com o erudito chefe da Divisão Semita da Biblioteca e mencionei-lhe uma ardente ambição. Quando tivesse conhecimento suficiente, eu desejaria ser capaz de traduzir para o inglês vários dos textos antigos que ainda permaneciam em hebraico ou aramaico. Ele teve a sensatez de recomendar-me um professor de hebraico. Era um jovem que freqüentava colégio em Washington e precisava alguns recursos adicionais para facilitar sua estada na cidade.

Então, toda semana, durante cerca de um ano, recebi lições dele. Gradualmente aprendi a ler hebraico com bastante fluência, a compreender alguns dos fundamentos de sua complexa gramática e sintaxe e, se o material fosse suficientemente elementar, a traduzi-lo para o inglês razoavelmente bem. Não perseverei tempo suficiente para aprender a falar a língua – o que hoje lamento muito.

Mas o principal resltado daquele ano de estudo foi o seguinte: embora nunca conseguisse realizar meu sonho adolescente de traduzir textos cabalísticos para o inglês, consegui sólido conhecimento dos fundamentos da língua, o que me deixava em boa posição quando se tratava de alguns elementos fundamentais cabalísticos.

Gematria, por exemplo, realmente não apresenta problemas. Atribuo isso inteiramente à educação lingüística que me foi dada por meu professor e o mesmo se aplica a outras fases da chamada Qabalah prática.

Não quero com isto sugerir que todo estudante deva fazer um ano de estudo de gramática e leitura hebraicas a fim de compreender alguns dos métodos cabalísticos de elucidação das facetas ocultas de significado nos nomes e símbolos do Velho Testamento; ou para permitir-lhe construir inteligentemente talismãs e amuletos naquele setor da Qabalah conhecido como Teurgia. Isso absolutamente não é necessário.

Mas talvez valha a pena acentuar que grande vantagem pode ser obtida de um pouco de estudo do alfabeto hebraico e alguma ligeira experiência no desenho e pintura dessas letras, como símbolos mágicos que realmente são, assim como de familiarizar-se com certas palavras hebraicas básicas relativas às *Sephiroth* da Árvore da Vida. Tudo isso forneceria números inteligíveis de fatos, que, sem este prévio conhecimento, escritores e estudantes da Qabalah tendem a deixar passar, ignorando-os como absolutamente sem importância para o assunto.

Gematria Simples

Alguns exemplos muito simples transmitirão rapidamente a espécie de significado oculto procurado pelos cabalistas em sua manipulação aparentemente arbitrária de palavras, letras e números.

Por exemplo, existe a palavra hebraica *Achad,* que significa "um" ou "unidade". Sua grafia é a seguinte:

Aleph	+	*Cheth*	+	*Daleth*
1		8		4

Seu total, ou valor numérico, ou Gematria, é, portanto, treze, 13. Acontece que existe outra palavra hebraica, *ahavah*, que significa "amor" e tem a seguinte grafia:

Aleph	+	*Heh*	+	*Beth*	+	*Heh*
1		5		2		5

Seu valor numérico é também treze, como o da palavra anterior. Assim, presume-se que, como elas têm valor numérico idêntico, há uma ligação entre amor e unidade – um levando ao outro e produzindo o outro. Nunca sou capaz de pensar nesta questão sem lembrar a definição de São Paulo para caridade ou amor:

> Ainda que eu fale as línguas dos homens e dos anjos, se não tiver amor, serei como bronze que soa ou como címbalo que retine... O amor é paciente, é benigno, o amor não arde em ciúmes, não se ufana, não se ensoberbece, não se conduz inconvenientemente, não procura os seus interesses, não se exaspera, não se ressente do mal; não se alegra com a injustiça, mas regozija-se com a verdade; tudo sofre, tudo crê, tudo espera, tudo suporta. O amor jamais acaba; mas, havendo profecias, desaparecerão; havendo línguas, cessarão; havendo ciência, passará; porque em parte conhecemos e em parte profetizamos. Quando, porém, vier o que é perfeito, então o que é em parte será aniquilado... Agora, pois, permanecem a fé, a esperança e o amor, estes três; porém, o maior destes é o amor.

Se juntarmos os números de amor e unidade, unindo-os, por assim dizer, o produto passa a ser 26. Este é o valor numérico do Tetragrammaton, o nome de quatro letras de Deus:

Yod		*Heh*		*Vav*		*Heh*		
10	+	5	+	6	+	5	=	26

Desta operação, os cabalistas deduzem portanto que Deus, que é Um e só Um, opera através de amor e que Sua natureza bem pode ser definida como unidade e amor unidos, ou que Ele é uma unidade operando através de dualidade para produzir amor.

Incidentalmente, vale a pena mencionar que existem dois valiosos auxiliares para o estudante que está tentando tornar-se adepto do emprego desses métodos. O primeiro é um Dicionário Hebraico-Inglês e Inglês-Hebraico, que ele pode consultar para saber as significações de palavras desenvolvidas através de Gematria. O segundo é ainda mais valioso. É *Sepher Sephiroth*, encontrado em *Equinox VIII*. Este é um grande livro, originariamente iniciado pelo Frater Iehi Aour (Allan Bennett), da Aurora Dourada, e depois continuado e completado por Aleister Crowley, que se tornou seu *chela*, nos primeiros anos deste século.

Este livro consiste em grande número de palavras hebraicas, extrapoladas das Escrituras e de alguns dos textos cabalísticos originais – particularmente partes do *Zohar* e do *Sepher Yetzirah*. A Gematria de várias centenas de palavras e nomes foi cuidadosamente elaborada por aqueles dois cabalistas, que depois classificaram cada palavra de acordo com seu número. De tal modo que, se no curso de estudo alguém desenvolve um número significativo, é possível procurá-lo no *Sepher Sephiroth* a fim de verificar que outras palavras ou nomes foram reunidos com aquele número determinado.

Quanto mais aptidão a pessoa adquire no emprego da Qabalah de número e significado, mais útil se torna esse livro. É realmente um dicionário de números cabalísticos. Foi republicado em *The Qabalah of Aleister Crowley* (N. Y. Weiser and Co., 1973).

	Nome em Hebraico	Signif. da Letra	Letra Inglesa	Nume-ração	Sepher Yetzirah	Tarô
1.	*Aleph*	Boi	A	1		0 – Tolo
2.	*Beth*	Casa	B	2	Mercúrio	I – Mágico
3.	*Gimel*	Camelo	G	3	Lua	II – Alta Sacerdotiza
4.	*Daleth*	Porta	D	4	Vênus	III – Imperatriz
5.	*Heb*	Janela	H	5	Carneiro	IV – Imperador
6.	*Vav*	Prego	V	6	Touro	V – Hierofante
7.	*Zayin*	Espada	Z	7	Gêmeos	VI – Amantes
8.	*Cheth*	Cerca	Ch	8	Câncer	VII – Carro
9.	*Teth*	Serpente	T	9	Leão	VIII – Força
10.	*Yod*	Dedo	IJY	10	Virgem	IX – Eremita
11.	*Caph*	Palma da mão	K	20	Júpiter	X – Roda da Fortuna
12.	*Lamed*	Chicote	L	30	Libra	XI – Justiça
13.	*Mem*	Água	M	40	Água	XII – Homem enforcado
14.	*Nun*	Peixe	N	50	Escorpião	XIII – Morte
15.	*Samech*	Flecha	S	60	Sagitário	XIV – Temperança
16.	*Ayun*	Olho	NG	70	Capricórnio	XV – Diabo
17.	*Peb*	Boca	P	80	Marte	XVI – Torre Destruída
18.	*Tzaddi*	Anzol	TZ	90	Aquário	XVII – Estrela
19.	*Qoph*	Nuca	Q	100	Peixes	XVIII – A Lua
20.	*Resh*	Cabeça	R	200	Sol	XIX – O Sol
21.	*Shin*	Dente	Sh	300	Fogo	XX – Julgamento
22.	*Tau*	Cruz	T	400	Saturno	XXI – O Mundo

Notariqon

Em sentido muito diferente, existe um método chamado Notariqon, palavra hebraica que significa taquigrafia. Consiste em criar neologismos (vocábulos novos) com as letras iniciais de certas palavras selecionadas.

Em literatura alquímica, há um famoso exemplo do emprego do Notariqon. Tome-se a palavra "vitriol"*, que é enxofre. Cada letra dessa palavra torna-se a inicial de outra palavra, formando uma sentença de sete palavras:

V Visita
I Interiora
T Terrae
R Rectificando
I Invenies
O Occultum
L Lapidem

A sentença inteira, que é uma expansão de "vitriol", adquire o significado de "Visite ou explore o interior ou profundeza da Terra, e descubra e retifique a Pedra secreta."

Um dos nomes tradicionais da Qabalah é *Chokmah Nestorah,* Sabedoria Secreta. É considerada o conhecimento esotérico que vem sendo transmitido desde tempos imemoriais. Tomando-se as primeiras letras dessas duas palavras, *Cheth* e *Nun*, e combinando-as, o resultado é uma palavra pronunciada como *chen.* Consultando um léxico hebraico, descobre-se que existe uma palavra *chen* legítima, que significa graça. Daí os cabalistas argumentam que quando é mencionado na sagrada escritura que Deus conferiu Sua graça a alguém, a interpretação oculta é que Ele transmitiu o conhecimento esotérico secreto da vida e plano divinos. Esta era a Sua graça.

---

* Em português, "vitríolo".

O Notariqon do Tenach

Exemplo ainda mais comum e prosaico desse método é usado diariamente pelo povo judaico, embora seja duvidoso que muitos judeus reconheçam-no como um método tradicional de exegese cabalística. Em hebraico, o nome da Bíblia é *Tenach* (sempre lembrando que o "ch" em hebraico tem pronúncia gutural, como na palavra escocesa "loch"). Escreve-se com as letras *Tau, Nun* e *Caph.*

Trata-se realmente de um notariqon, ou neologismo, baseado em três palavras hebraicas:

Torah – os cinco primeiros livros da Bíblia, os chamados Cinco Livros de Moisés.

N'vee-im – os livros dos Profetas, diversos textos incluindo Isaías, Jeremias, etc.

K'soovim – as Sagradas Escrituras; o grupo misto de escrituras constituído dos Salmos, Provérbios, Eclesiastes e outros.

A primeira letra de cada uma dessas palavras é extraída e usada para formar uma nova palavra, *Tenach.* Esta é, com efeito, uma abreviação taquigráfica para representar o conteúdo de todo o Velho Testamento.

A Gematria de "Amen"

Outra palavra muito comum, usada por judeus e por todas as denominações cristãs igualmente, sem muita visão interior ou conhecimento, é "Amen". Sua origem e significação são muito obscuras. Seu emprego no final de cada oração é geralmente considerado como significando: "Assim seja". Os cabalistas, porém, dão-lhe a interpretação de que é uma exortação particular da divindade. Considera-se que suas letras, *Aleph, Mem* e *Nun* sejam as iniciais de três palavras hebraicas relacionadas com Deus.

Aleph = a primeira letra de *Adonai*, meu Senhor.
Mem = a primeira letra de *Melekh*, Rei.
Nun = a primeira letra de *Na'amon*, Fiel.

O significado todo de "Amen" é, portanto, "Senhor, Rei Fiel". A peroração é simultaneamente uma invocação divina.

Se desejarmos avançar mais, poderemos determinar a Gematria de "Amen", que é:

$$\left.\begin{array}{l} \textit{Aleph} = 1 \\ \textit{Mem} = 40 \\ \textit{Nun} = 50 \end{array}\right\} = 91$$

No *Sepher Sephiroth* existem numerosas outras palavras hebraicas que têm esse mesmo número. De qualquer modo precisa ser estabelecida uma relação íntima entre elas. *Ehlon* (*Aleph, Yod, Lamed, Nun*) é árvore. A palavra bíblica *Ephod* (*Aleph, Peh, Daleth*), que significa a vestimenta colorida usada pelo alto sacerdote, tem também o mesmo número. *Malkah* (*Mem, Lamed, Caph, Aleph*), virgem ou noiva, e *Manna* (*Mem, Nun, Aleph*) são outros exemplos do mesmo número. As ligações entre essas palavras e números podem parecer obscuras a princípio, mas o cabalista experimentado e sagaz poderia facilmente estabelecê-las. Na realidade, uma espécie de livre associação é usada.

Existe uma manipulação final de "Amen" e seu valor numérico, 91. Esses dois algarismos podem ser somados pela chamada adição teosófica, resultando 10. Dez é, na Árvore da Vida, o número de Malkuth, o Reino, a última das sagradas emanações de Deus, a complementação da cadeia de números e, pela eliminação do zero, o princípio de outra seqüência de números e idéias.

"Ruach Elohim"

Finalmente, há o exemplo de *Ruach Elohim*, duas palavras hebraicas mencionadas nos versículos iniciais do Gênesis, referentes ao Espírito de Deus pairando sobre as águas da criação. A Gematria dessas duas palavras juntas é 300, como se demonstra a seguir:

Ruach	=	*Resh*		*Vau*		*Cheth*		
		200	+	6	+	8	=	214

Elohim	=	*Aleph*		*Lamed*		*Heh*		*Yod*		*Mem*		
		1	+	30	+	5	+	10	+	40	=	86

Somados esses números dão 300. (Cortando os dois zeros, o número é reduzido para 3 e 3 é o caminho de *Gimel,* o Camelo, atribuído à carta do Tarô da Alta Sacerdotisa, que tem o título de Sacerdotisa da Estrela Prateada – o caminho que desce de *Kether,* em cima, para *Tiphareth*, embaixo).

A letra *Shin* – uma letra de três pontas – era considerada equivalente a essas duas palavras, não apenas por causa da identidade de seus números (o que seria suficiente), mas porque no *Sepher Yetzirah Shin* era atribuída ao elemento fogo. Em muitas áreas do Velho Testamento, fogo é considerado um atributo de Deus, indicador de Sua presença. Posteriormente, luz tornou-se outro desses atributos – luz e fogo estando inter-relacionados e interligados. Assim, um dos antigos exercícios mágicos associados à visualização da descida do espírito divino consistia em usar um símbolo concreto – uma grande letra *Shin* vermelha, cor de fogo, imaginada acima da cabeça. Nesse sentido, eu nunca deixo de pensar na peroração de um dos primeiros ensaios de Crowley:

> Sob as estrelas, eu partirei, meus irmãos, e beberei daquele orvalho lustral; regressarei, meus irmãos, quando tiver visto Deus face a face e lido naqueles olhos eternos o segredo que vos fará livres...
>
> Assim, nós daremos sua juventude ao mundo, pois como *línguas de tripla chama,* nós pairaremos sobre a Grande Profundeza – Salve os Senhores dos Bosques de Elêusis! (o grifo é meu).

Uma das mais antigas tradições diz que quando Deus proferiu as palavras *Fiat Lux,* "Haja Luz", ordenou não apenas o aparecimento físico da luz e de tudo quanto ela envolve, mas, assim diz a sabedoria antiga, também a emergência do mistério divino. Isso porque luz é *Aour* (*Aleph, Vav, Resh* = 207) e *Raz* (*Resh, Zayin* = 207) significa mistério. Assim luz, em suas múltiplas significações, é o mistério divino.

Em seu trabalho mágico ou teúrgico, o cabalista tem vislumbres desse mito, de um raio de luz infinita.

Zohar significa fulgor ou esplendor, portanto outra referência a luz. O esplendor da luz divina é refletido nos mistérios do texto deste trabalho cabalístico. Mas, quando esses mistérios são envoltos em interpretação meramente teológica e literal, aquele esplendor é obscurecido e oculto. Os místicos sempre consideravam que a significação prosaica literal não era mais do que escuridão e obscuridade. As interpretações esotéricas extraem o *Raz* ou mistério, assim como o *Zohar* ou Luz Esplendorosa, que muitos acreditam brilhar através de todas as linhas das sagradas escrituras.

Ain Soph Aour é a Luz infinita de que emanaram todas as Sephiroth da Árvore da Vida. Assim, a luz é também, em muitos mais sentidos do que um, o grande mistério sem fim.

Paraíso

Existe muito jogo simbólico com a palavra hebraica que designa paraíso – *pardes*, que significa também jardim. Alguns dos primeiros cabalistas relacionaram suas letras, *Peh, Resh, Daleth* e *Samech*, com os quatro rios que, segundo diz o Gênesis, partem do Jardim do Éden. Por exemplo, na Aurora Dourada, um dos primeiros rituais continha as seguintes referências:

> O Rio Naher (significando águas que nunca falham) parte do Éden Supernal e em *Daath* divide-se em quatro cabeceiras:
> *Pison:* Fogo – fluindo para *Geburah*, onde existe ouro.
> *Gihon:* Água – as Águas da Misericórdia, fluindo para *Chesed.*
> *Hiddikel:* Ar – fluindo para *Tiphareth.*
> *Phrat* (Eufrates): Terra – fluindo para Malkuth... O Rio que sai do Éden é o Rio do Apocalipse, as Águas da Vida, claras como cristal, procedentes do Trono, de cada lado da Árvore da Vida, produzindo todas as espécies de frutos.

Compare-se agora este conjunto de dogmas ocultos simples relativos aos elementos com uma interpretação cabalística muito mais antiga, na qual aquelas letras e os Rios são comparados a níveis de significado:

1. *Peh* por *Pison* = significado literal (Peshat).
2. *Resh* por *Remez* = significado alegórico, e o Rio *Gihon*.
3. *Daleth* por *Derasha* = interpretação talmúdica (o rápido e ágil) e por *Hiddikel*.
4. *Samech* por *Sod* – significado místico e íntimo, e por *Phrat*.

De modo que a sabedoria derivada, não de um, mas de múltiplos níveis de significado e interpretação, leva, por assim dizer, ao paraíso, à iluminação.

NOMES DE DEUS

Existe em uma página, mais ou menos, de *Magus*, de Francis Barrett, a seção sobre Magia Cerimonial, que tem alguma importância aqui. Aquele livro, originariamente publicado por volta de 1800, é uma mistura de tolices supersticiosas e alguma informação mágica básica, em proporções quase iguais. Novas edições desse livro são agora encontradas* e o estudante sério não faria mal em obter um exemplar, desde que aprenda a separar o trigo do joio, que está copiosa e abundantemente presente. Partes da obra citada lançam grande luz sobre muitos dos nomes quase hebraicos, de aparência estranha, que aparecem em algumas das antigas invocações.

O hebraico do texto é pavoroso. Imagino que muitos do erros foram inadvertidamente cometidos por copistas ignorantes. Nomes são copiados por estudantes que conhecem pouco ou nada de hebraico, de tal modo que após a cópia original ter passado por uma dúzia de mãos iletradas e sofrido igual número de alterações e mutilações, o produto final tem pouca semelhança com qualquer original exato e é para todos os propósitos indecifrável.

* The Magus, Thorsons, 1977.

Vi este fenômeno no ambiente da Aurora Dourada. Alguns dos estudantes devem ter copiado as letras hebraicas de manuscritos originais sem qualquer visão interior ou compreensão. Suas inexatidões e erros de cópia perpetuaram-se até os dias de hoje. Talvez se possa dizer que isso faz pouca diferença. Mas implica ignorância acima de tudo. E quando se consideram a feitura e o desenho de todos os talismãs, os erros de hebraico, como são vistos em espécimes repetidos por Barrett e em algumas peças antigas, são tão pavorosos a ponto de tornarem os talismãs sem sentido. Seria igualmente justo e eficaz (ou inútil, conforme o caso) inscrever hieróglifos e linhas traçadas ao acaso em lugar de letras e signos hebraicos.

Exemplos desse tipo indicam fortemente que o estudo elementar de hebraico básico deveria ser obrigatório em todos os santuários de iniciação que ainda existam, para que, se eles ensinam a Qabalah, os monstruosos erros iletrados dos tempos antigos nunca mais venham a repetir-se.

"O próprio Deus, embora seja uma única essência", escreve Barrett na seção de seu livro acima mencionado, "tem diversos nomes, que expõem não suas diversas essências ou divindades, mas certas propriedades que fluem dele, nomes pelos quais ele derrama sobre nós e todas as suas criaturas numerosos benefícios..."

Em alguns dos seguintes exemplos dados por Barrett, eu tomei a liberdade de eliminar as letras hebraicas e fazer as correções apropriadas em sua transliteração para o inglês.

"*Hua* é outro nome revelado a Esaú, significando o abismo de Divindade..." Esta palavra significa simplesmente "Ele" e é atribuída a *Kether*. "*Esch*" é outro nome recebido de Moisés, que indica fogo, e é o nome de Deus. *Na* é para ser invocado em perturbações e dificuldades. Existem também o nome *Yah*, o nome *Elion* (que é traduzido como "o mais alto"), o nome *Macom* (esta palavra significa "lugar"), o nome *Caphu*..."

Barrett escreve este nome *Caphu* com um *Caph*, um *Peh* e um *Beth*, o que não tem o menor sentido. Só posso presumir que o *Beth* foi erro de um copista, em lugar de *Resh*, caso em que encontraríamos *Capur* ou *Kippur*, significando "expiação". "...o nome *Innon* e o nome *Emeth*, que é interpretado como verdade e é o selo de Deus; e há dois outros nomes, *Tzur* ("Rochedo") e *Aben* ("pedra"), ambos os quais significam um trabalho sólido e um deles expressava o Pai com o Filho; e muitos nomes que colocamos na escala de números..." Barrett menciona então as artes de Notariqon e Gematria, por meio das quais são derivadas palavras e números, e prossegue:

> De igual maneira o nome *Iaia,* extraído deste verso: *YHVH Alohenu YHVH Achod,* isto é, Deus nosso Deus é o único Deus. (Na realidade, deve ser traduzido como: "Jeová, nosso Deus, Jeová é Único.") De igual maneira o nome IaVa, extraído deste verso: *Iehi Aour, vayehi Aour,* isto é, "Haja Luz e houve luz"... e este nome *Hacaba* é extraído deste verso *HaQadesh baruch hua* ("o Santo, bendito seja Ele")... Essas palavras sagradas não têm seu poder em operações mágicas por si próprias, pois são palavras, mas pelos poderes divinos ocultos atuando por elas nas mentes daqueles que pela fé aderem a elas.

AGLA e ARARITA

Omiti um trecho direto de Barrett, que trata de duas palavras clássicas encontradas comumente em alguns dos rituais mágicos mais antigos, porque elas merecem consideração um pouco maior. No ritual de banimento do Pentagrama, que agora é encontrado em numerosas publicações, existe uma palavra de quatro letras, AGLA. Este é outro bom exemplo de Notariqon e sua análise é realmente muito simples. Existem nas Escrituras quatro palavras que significam "Vós sois poderoso para sempre, Ó Senhor (ou Adonai)". Em hebraico esta frase é *Atoh bigor l'olahm adonai*. As iniciais dessas palavras juntadas formam AGLA.

Existe um nome ritual ainda mais comum, que é mais obscuro (e que foi muitas vezes copiado atrozmente errado), salvo para os raros bons estudantes. O nome mágico ARARITA é encontrado particularmente no Ritual do hexagrama e deve ser vibrado em cada um dos quatro pontos, ao mesmo tempo que são traçadas figuras geométricas com signos. As seis pontas e o centro do Hexagrama são atribuídos às *forças* dos sete planetas, que são assim invocados ou banidos pelo emprego correto dessa figura. É também um belo exemplo de notariqon e suas sete letras são as iniciais da seguinte sentença: "Uno é Seu começo; Una é Sua individualidade; Sua permutação é Una." A frase hebraica correspondente é: "*Achad raysheethoh; achad Resh Yechidatoh; Temurathoh achod.*

A palavra *Achad* significa "Uno"; examinamos esta palavra várias vezes até agora. *Raysheeth* é a palavra hebraica para designar começo e o acréscimo do sufixo "oh" simplesmente significa "Seu". *Resh* significa cabeça ou começo e é o radical de *Rayesheeth*. Estudantes do cabalismo devem lembrar-se que a palavra *Yechidah* é atribuída ao *Kether*, representando, quando se refere à constituição do homem, o Indivíduo, a parte imortal do homem. De modo que a frase *Resh Yechidathoh* significa Cabeça da Individualidade. *Temurah* significa permutação; o "oh" no final significa "Sua". Assim é resolvida essa sentença hebraica, sem isso complexa e confusa, que produz o nome mágico ARARITA.

Exemplo muito interessante desse processo exegético é encontrado em *The Golden Dawn*, Vol. I, p. 166, provavelmente contribuição de S. I. MacGregor Mathers:

> Aqui está um método para escrever palavras hebraicas pela atribuição yetzirática do alfabeto, da qual resulta um curioso simbolismo hieroglífico. Assim, Tetragrammaton será escrito com Virgo, Aries, Taurus, Aries. *Eheieh,* Ar, Aries, Virgo, Aries. De *Yeheshuah,* o modo cabalístico de escrever Jesus, que é simplesmente o Tetragrammaton com acréscimo da letra *Shin*, obtemos uma combinação muito peculiar – Virgo, Aries, Fogo, Taurus, Aries. Virgo nascido de uma Virgem, Aries o Cordeiro Sacrificial, Fogo, o Fogo do Espírito Santo, Taurus o Boi da Terra em cuja Manjedoura Ele foi posto, e finalmente Aries, os rebanhos de carneiros cujos pastores foram adorá-lo. *Elohim* produz Ar, Libra, Aries, Virgo, Água – O Firmamento, As Forças Balanceadas, o Fogo do Espírito (pois Aries é um signo ígneo) operando no Zodíaco, a Deusa do Fogo e as Águas da Criação.

Uma demonstração mais longa e mais complexa dos métodos cabalísticos e elucidação, que desenvolve com maiores minúcias essas técnicas simples, é encontrada no seguinte exemplo. Embora eu tenha tentado tornar essa demonstração a mais simples possível, ainda assim ela precisa ser seguida com algum cuidado e atenção.

I.N.R.I.

Tomemos como ponto de partida uma antiga aplicação de princípios cabalísticos – as letras inglesas I.N.R.I. São, naturamente, as iniciais de uma frase latina colocada pelos romanos no alto da Cruz, representando "Jesus de Nazaré, Rei dos Judeus". Vários outros significados teológicos dessas letras foram dados em diferentes períodos da história por vários grupos de pessoas e estudiosos.

Por exemplo, os alquimistas medievais sugeriram que I.N.R.I. significava "Igne Natura Renovatur Integra" – tudo da Natureza é renovado pelo fogo.

Outro exemplo mais ou menos do mesmo período desenvolve as quatro letras para "Igne Nitrun Raris Invenitum", que se traduz por "brilho (ou cintilação) é raramente encontrado no fogo."

Os jesuístas, em sua época, interpretaram as letras como "Justum Necare Regis Impius": "É justo matar um rei ímpio."

J. S. M. Ward, em seu livro *Freemasonry and the Ancient Gods,* dá outro exemplo:

I	*Yam* = Água
N	*Nour* = Fogo
R	*Ruach* = Ar
I	*Yebeshah* = Terra

Assim, as quatro letras são iniciais hebraicas dos quatro elementos antigos.

No século XIX, quando se formou a Ordem Hermética da Aurora Dourada, essas letras foram escolhidas e integradas na complexa estrutura do simbolismo da Ordem. Foram usadas como a palavra-chave de um de seus graus rituais, o do Adeptus Minor. Para acompanhar a interpretação usada pela Ordem precisamos apenas do mais superficial conhecimento das atribuições dadas no *Sepher Yetzirah,* do maço de cartas do Tarô, ligeiras noções de gnosticismo e astrologia. O primeiro gesto é converter as quatro letras em seus equivalentes hebraicos e depois em suas atribuições yetziráticas diretas, como se segue:

I = *Yod* = Virgo = ♍
N = *Nun* = Scorpio = ♏
R = *Resh* = Sol = ☉
I = *Yod* = Virgo = ♍

O "I" final, sendo repetição, é deixado de lado, para ser retomado apenas em um lugar posterior a fim de estender a significação daquelas derivadas da análise.

Esse desdobramento, embora não nos leve muito longe, é ainda assim altamente sugestivo. Astrologia elementar estenderá um pouco o significado. Virgo representa o sinal virginal da própria Natureza. Scorpio é o sinal de morte e transformação; sexo também está aí envolvido. Sol é a fonte de luz e vida para tudo na terra; é o centro de nosso sistema solar. Também os chamados deuses da ressurreição são conhecidos como ligados ao sol. Pensava-se que o sol morria todo inverno quando a vegetação perecia e a terra tornava-se fria e nua. Toda primavera, quando o sol retornava, a vida verde era restaurada na Terra.

Depois, poderíamos olhar para *Liber 777,* que codificou a maior parte do material de conhecimento básico da Aurora Dourada e acrescentou mais conhecimentos à medida que foram gradualmente adquiridos por seu autor, Aleister Crowley. Em uma das colunas deste seu livro intitulada "Deuses Egípcios", encontramos o seguinte, que pode ser acrescentado aos dados já obtidos:

Virgo = Isis – que era a Natureza, a Mãe de todas as coisas.
Scorpio = Apophis – morte, a destruidora.
Sol = Osíris – morto e renascido, o Deus da ressurreição e Deus vegetativo egípcio.

Aqui começamos a ter uma seqüência de idéias definida, que se mostra um tanto significativa. A simplicidade de um estado de coisas natural no, diremos, Jardim do Éden (representando a primavera da humanidade) é abalada pela intrusão do conhecimento do Bem e do Mal, a percepção sexual. Isto é devido à intervenção do destruidor Apophis ou Lúcifer, o Portador da Luz, que mudou todas as coisas – iluminando todas as coisas. Daí a Queda, assim como o outono do ano.* Isto é seguido pelo advento de Osíris, o Deus da ressurreição, que declara: "Este é meu corpo, que eu destruo a fim de que possa ser renovado." Osíris é o protótipo simbólico do Homem Solar aperfeiçoado, que sofreu através da experiência terrena, foi glorificado pelo julgamento, foi traído e morto, e depois ergueu-se de novo para renovar todas as coisas.

A análise final da palavra-chave resume a fórmula com as iniciais de *Isis, Apophis* e *Osiris* = IAO, o Deus supremo dos Gnósticos.

Uma vez que o sol é o doador de vida e luz, a fórmula deve referir-se à luz como redentora. A Ordem da Aurora Dourada era baseada no antiquíssimo processo de trazer luz ao homem natural. Em outras palavras, ensinava técnicas psico-espirituais que levavam à iluminação, ao esclarecimento. Neste sentido, deve-se lembrar sempre aqueles belos versículos a respeito de luz no capítulo inicial do Evangelho segundo São João.

No primeiro ritual ou Ritual do Neófito da Aurora Dourada, o candidato é surpreendido ao ouvir as estranhas palavras da invocação: "Khabs Am Pehkt. Konx om Pax. Luz em Extensão." Em outras palavras: "Que recebas a bênção da luz e passes pela experiência mística, a meta de todo nosso trabalho."

"A iluminação por um raio de luz divina que transforma a natureza psíquica do homem pode ser um artigo de fé", diz Hans Jonas, em seu excelente livro *The Genesis Religion*, "mas pode ser também uma experiência... Aniquilamento e deificação da pessoa são fundidos no êxtase espiritual que leva para a experiência a imediata presença da essência cósmica".

> No contexto gnóstico, esta experiência de transfiguração face a face é *gnosis,* no sentido mais exaltado e ao mesmo tempo mais paradoxal do termo, pois é conhecimento do incognoscível... A mística *gnosis theôu* – contemplação direta da realidade divina – é um penhor da consumação por vir. É transcendência tornada imanente e, embora preparado por atos humanos de automodificação que provocam a disposição apropriada, o acontecimento é de atividade e graça divinas. É assim tanto "ser conhecido por Deus" quanto "conhecê-Lo", e nesta mutualidade final a "gnosis" está além dos termos de "conhecimento" propriamente dito.

N.T. – Em inglês, "fall" significa "queda" e também "outono".

Como este é o tema básico recorrente em todos os rituais e ensinamentos da Aurora Dourada, esperaríamos encontrá-lo repetido e expandido na análise da palavra-chave do grau de Adeptus Minor. E, naturalmente, está lá, claramente definido.

A palavra luz é traduzida para LVX, vocábulo latino que designa luz. Uma série de mimos ou gestos é feita pelos oficiantes para representar a descida dessa luz, assim como para resumir o simbolismo das descobertas anteriores.

Assim, um Adepto ou o oficiante ergue o braço direito diretamente para cima, ao mesmo tempo que estende o braço esquerdo para fora (como se estivesse fazendo o sinal de conversão à esquerda ao dirigir um carro). Com isso cria a forma da letra L.

Um segundo Adepto ergue os braços como que em súplica acima da cabeça – a letra V.

O terceiro adepto estende os braços para os lados formando uma cruz.

Todos juntos finalmente cruzam os braços sobre o peito, formando a letra X.

(Uma única pessoa pode naturalmente executar os gestos idênticos).

Em qualquer caso, as letras formam LVX, que é agora interpretada como a Luz da Cruz. É assim interpretada porque as letras INRI foram inicialmente encontradas no Crucifixo e porque LVX luz. Finalmente as letras LVX são porções de um tipo ou outro da Cruz.

Um processo de repetição é seguido a fim de sintetizar todas essas variadas idéias e gestos, e acrescentar mais um gesto para substituir o segundo "I" que foi eliminado por ser repetição.

Quando o sinal L está sendo feito, o Adepto diz: "O Sinal do Luto de Ísis". Isto expressa o pesar de Ísis ao saber que Osíris fora morto por Set ou Apophis.

Quando o sinal V é feito, o Adepto diz: "O Sinal de Apophis e Typhon". Estes são outros nomes de Set, o irmão e assassino de

Osíris, cujo corpo foi tão mutilado que só o falo pôde ser encontrado por Ísis, que procurou por ele em toda a criação.

Quando o Adepto estende os braços para os lados, formando ativamente a Cruz, diz: "O Sinal de Osíris Morto."

Depois, cruzando os braços sobre o peito, acrescenta: "E renascido. Isis, Apophis, Osíris. IAO."

Assim, o que começou como simples abreviação de uma sentença latina tradicional sobre a Cruz, acima da cabeça de Cristo, evoluiu por um processo cabalístico de exegese para uma complexa série de idéias evocativas e gestos simbólicos que estendem tremendamente a idéia raiz. E conhecendo essas idéias, os gestos podem ser usados praticamente para aspirar à iluminação que eles sugerem. Este é o valor essencial das ações sacramentais.

O equivalente rosacruciano desta fórmula é encontrado no *Fama Fraternitatis*, um dos três documentos rosacrucianos clássicos originais: "Ex Deo Nascimur. In Jesu Morimur. Per Spiritus Sanctus reviviscimus": "De Deus nascemos. Em Cristo morremos. Revivemos pelo Espírito Santo."

Isto não é tudo. Se tomarmos LVX como símbolos de numerais romanos, teremos 65. Este número, portanto, atinge o equivalente simbólico de luz, gnose e iluminação.

O compromisso do Adeptus Minor, imposto ao candidato durante a iniciação ritual, obriga-o a aspirar, trabalhar e praticar a fim de poder um dia pela iluminação "tornar-se mais que humano". Esta é a filosofia cabalística resumida na declaração de que o Adepto procura unir-se a sua alma superior ou seu eu superior, simbolizado novamente na palavra hebraica *Adonai*. Todas as noções acima são, portanto, sintetizadas nesta palavra, Adonai, literalmente traduzida por "Meu Senhor". Suas letras hebraicas são:

Aleph		*Daleth*		*Nun*		*Yod*		
1	+	4	+	50	+	10	=	65

Este número é também o de LVX, luz. Cabalisticamente, o processo permite-nos perceber uma ligação necessária entre *Adonai* e luz – a identidade de ambos.

Simbolismo do Coração e da Serpente

Em 1907, quando recebeu algumas de suas mais significativas iluminações depois de uma década de árduo trabalho mágico e disciplina espiritual, Aleister Crowley escreveu um livro inspiracional que intitulou *Liber LXV*, que, como vimos, é 65. Seu subtítulo era "O Livro do Coração enlaçado pela Serpente". Esta última frase extrapolava da última seção de um antigo ritual encontrado em alguns textos eruditos, intitulado "O Ritual Não Nascido". Seu último parágrafo diz:

Eu sou Ele, o Espírito Não Nascido (eterno)
Que tem Vista nos pés, forte e Imortal Fogo.
Eu sou Ele, a Verdade!
Eu sou Aquele que odeia que o mal seja praticado no mundo!
Eu sou Aquele que relampeja e troveja!
Eu sou Aquele que é a chuva da Vida da Terra!
Eu sou Aquele cuja boca flameja sempre!
Eu sou Ele, a Graça o Mundo!
O Coração enlaçado pela serpente é o meu nome.

É a frase grifada acima que Crowley usou como título de seu iluminado livro para dar testemunho a *Adonai*.

Que dizer dos símbolos do coração e da serpente? Que significação têm eles?

O coração é uma clara referência à vida emocional, ao cerne interior do homem, à "essência da matéria", como diríamos coloquialmente. E dos numerosos títulos dados a Cristo, um deles, "O Sagrado Coração", representa sua paixão, seu sacrifício e seu amor redentor da humanidade.

A serpente é um símbolo ainda mais antigo e sofisticado. Expressa não apenas o abuso da força sexual que corrompeu e precipitou a Queda e expulsão do Éden, mas também a libido transmudada e sublimada. Conhecida como *kundalini*, ela é treinada para erguer-se da escura área pélvica e subir pela espinha para formar a auréola dourada em volta da cabeça do santo ou do adepto plenamente iluminado.

I am the Heart; and the Snake is entwined
About the invisible core of the mind.
Rise, O my Snake! It is now the hour
Of the hooded and holy ineffable flower.
Rise, O my snake, into brilliance of bloom
On the corpse of Osiris afloat in the tomb!
O heart of my mother, my sister, my own,
Thou art given to Nile, to the terror Typhon!
Ah me! but the glory of ravening storm
Enswathes thee and wraps thee in frenzy of form.
Be still, O my soul! that the spell may dissolve
As the wands are upraised, and the aeons revolve.
Behold! in my beauty how joyous Thou art,
O Snake that caresses the crown of mine heart!
Behold! We are one, and the tempest of years
Goes down to the dusk, and the Beetle appears.
O Beetle! the drone of Try dolorous note
Be ever the trance of this tremulous throat!
I await the awakening! The Summons on high,
From the Lord Adonai, from the Lord Adonai!*

A respeito de *Adonai*, o título dado ao Santo Anjo da Guarda, poderíamos dedicar um pouco de atenção ao último verso de *Liber LXV*, que tem certa relação com esta tarefa de exegese. Diz ele: "E meu senhor Adonai está à minha volta de todos os lados, como um

---

* Eu sou o Coração; e a Serpente está entrelaçada
Sobre o invisível núcleo da mente.
Ergue-te, ó minha serpente! É agora a hora
Da encapelada e sagrada flor inefável.
Ergue-te, ó minha serpente, no esplendor da florescência
Sobre o cadáver de Osiris em cima da tumba!
Ó coração de minha mãe, minha irmã, meu eu mesmo.
Tu és dada ao Nilo, ao terror de Typhon!
Ai de mim! mas a glória de devoradora tempestade
Envolte-te e embrulha-te no frenesi da forma.
Fica quieta, ó minha alma! para que o encanto possa dissolver-se
Quando as varinhas mágicas são erguidas e as eras giram.
Vê! em minha beleza quão jubilosa tu és,
Ó Serpente que acaricia a coroa de meu coração!
Vê! Nós somos um, e a tempestade dos anos
desce para o escuro, e o Besouro aparece.
Ó Besouro! o zumbido de Tua dolorosa nota
seja sempre o arrebatamento desta trêmula garganta!
Eu espero o despertar! A chamada no alto
Do Senhor Adonai, do Senhor Adonai!

raio, como um pilono, como uma serpente e como um falo, e no meio disso ele está como a mulher que lança o leite das estrelas de seus seios, sim, o leite das estrelas de seus seios."

Isso pode parecer ridículo talvez e muito obscuro até quando começamos a tarefa de elucidação, usando nossos instrumentos cabalísticos básicos:

A	=	*Aleph*	=	raio, pela forma e por atribuição.
D	=	*Daleth*	=	literalmente, um portão; portanto, um pilono.
N	=	*Nun*	=	literalmente, um peixe, atribuído a Scorpio, um de cujos significados trinos é a serpente.
I	=	*Yod*	=	dedo da mão; mesmo em termos freudianos, é o símbolo do falo.

Assim, a primeira parte do termo simplesmente explica e enfatiza que o senhor Adonai cerca a pessoa de todos os lados. A pessoa está completamente encerrada dentro de sua divindade. A mulher que lança o leite das estrelas de seus seios é naturalmente Nuit, a Senhora dos Céus Estrelados, símbolo egípcio do Espaço Infinito, dentro do qual as nebulosas aparecem, e assim parente de *Ain Soph*. *Adonai* é um centro espiritual dentro da imensidão da Luz Infinita e em certo sentido simbolizava o Deus infinito e o homem natural finito.

Ainda mais a respeito da serpente: por exemplo, Hans Jonas, em seu autorizado texto *The Gnostic Religion*, disse:

> Mais de uma seita gnóstica derivou seu nome do culto da *serpente* ("O-phites", do grego *ophis;* "Nasenes", do hebraico *nahas* – sendo o grupo como um todo denominado "ofídico") e essa posição da serpente é baseada em uma ousada alegorização do texto bíblico... Os Peratae, impetuosamente coerentes, não hesitaram mesmo em considerar o Jesus histórico como uma encarnação particular da "serpente geral", isto é, a serpente do Paraíso, entendida como um princípio... No tempo de Mani (terceiro século), a interpretação gnóstica da história do Paraíso e da ligação de Jesus com ela tornara-se tão firmemente estabelecida que ele foi capaz simplesmente de colocar Jesus no lugar da serpente sem a menor menção à última.

Existem aqui algumas possibilidades interessantes, pois em hebraico há a palavra *nachosh*, serpente. Analisando a palavra, como antes, obtemos:

N = *Nun* = Scorpio = Serpente = 50
Ch = *Cheth* = Câncer = O Carro no Tarô = 8
Sh = *Shin* = Fogo = O Espírito Santo = 300

A numeração total é 358.

Agora devemos consultar o *Sepher Sephiroth* mais uma vez. Lá encontramos com o mesmo número outra palavra hebraica, *Meschiach,* traduzida como Messias, o ungido:

M = *Mem* = Água = O Homem Enforcado no Tarô = 40
Sh = *Shin* = Fogo = O Espírito Santo = 300
Y = *Yod* = Virgo = O Eremita no Tarô = 10
CH = *Cheth* = Câncer = O Carro no Tarô = 8

Aqui também o total é 358. Dedutivamente, portanto, devemos inferir que a serpente e o Messias têm muito em comum. Por meio do poder da serpente, fogo transformador interior do espírito, o Adepto é transformado em um Messias ou Redentor, pelo menos de seu próprio mundo interior, se não, de alguma maneira oculta, de toda a humanidade. Cada homem que assim adquire liberdade torna a liberdade uma possibilidade maior para outros homens.

Agora olhem a seqüência de idéias em cada uma dessas duas palavras. A serpente transforma o Adepto em um "condutor de Mercabah" (Carro), rumo a seu lar místico na Luz Infinita – vale dizer, é o agente poderoso envolvido em sua iluminação. A segunda palavra fornece material análogo. Pelo sacrifício de todos os fatores estranhos, o Espírito Santo ou Anjo da Guarda, atuando como o eremita ou iluminador silencioso da humanidade, sobe no carro de Ezequiel c segue para o céu.

IAO

Depois, há o nome gnóstico de Deus – IAO. É um daqueles nomes arcaicos dos quais os chamados *Oráculos Caldaicos* dizem: "Não mude os nomes bárbaros de evocação pois eles têm um poder inefável nos ritos sagrados." Podemos perguntar: que espécie de poder tem esse nome? Esta pergunta pode ser respondida transliterando-se o nome para o hebraico. Daí, suas atribuições yetziráticas darão um grau de esclarecimento. Pode-se fazer isso de duas maneiras; ambas são interessantes.

I	=	*Yod*	=	Virgo	=	10		
A	=	*Aleph*	=	Ar	=	1		= 17
O	=	*Vau*	=	Taurus	=	6		

Dezessete representa o número de quadrados da suástica ou Cruz Gamada. Pela forma, representa *Aleph*, o raio. E *Aleph* é a primeira letra do alfabeto e é 1.

A segunda maneira oferece resultado ligeiramente diferente:

I	=	*Yod*	=	Virgo	=	10		
A	=	*Aleph*	=	Ar	=	1		= 81
O	=	*Ayin*	=	Capricórnio	=	70		

Oitenta e um é um número místico da lua. Luna é atribuída a *Yesod*, o Fundamento. Seu número é 9. O quadrado mágico de Luna é 9 x 9, o que dá 81 quadrados. Isto de maneira nenhuma se ajusta à nossa discussão, de modo que o método anterior é mais apropriado.

Se o valor numérico de IAO é, portanto, 17, referente a *Aleph* e ao raio, pelo simbolismo acima descrito, nós temos uma idéia muito mais clara do poder divino envolvido. É o do Pai dos Deuses empunhando o raio (a suástica escandinava ou a *dorje* tibetana) para executar sua intenção de criação. Além disso, note-se que temos *Aleph*, o raio atuando no ar divino, inserido entre dois signos terrenos, Virgo e Taurus, rodopiando sua substância na função apropriada de criação.

Que longo caminho percorremos a partir de "Jesus de Nazaré, Rei dos Judeus"! E se nossos métodos cabalísticos permitem-nos adquirir tanta visão interior a partir de apenas quatro letras, pode-se deixar ao estudante imaginar até onde podemos ir para esclarecer-nos com base em outras palavras e outras idéias. Elas nos mostrarão como são vastas as possibilidades envolvidas em uma única palavra ou sentença. A tradução inglesa de *Zohar* apresenta inúmeros exemplos de exegese de numerosas noções bíblicas simples. Antes de saber onde está, você foi arrastado em uma excitante onda de aventura espiritual que só pode terminar com a fusão da alma em sua fonte divina.

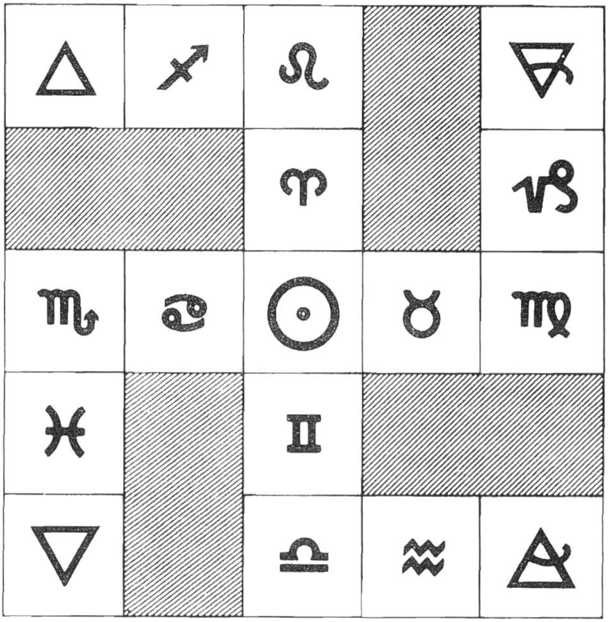

A Suástica, considerada como uma Cruz Gamada de 17 quadrados.

Para concluir este ensaio, vou selecionar mais um ou dois exemplos, que são bastante complexos em substância e importância, a fim de demonstrar como funcionam alguns desses modos cabalísticos de exegese. Este exemplo determinado é extraído de *The Vision and The Voice, Liber 418*, segunda parte do décimo quarto Aethyr (Equinox V, Suplemento).

A escuridão avoluma-se em volta, tão espessa, tão pegadiça, tão penetrante, tão opressiva, que todas as outras escuridões que eu já concebi seriam como luz brilhante ao lado dela.

Sua voz vem em um sussurro: Ó tu, que és senhor das cinqüenta portas do Conhecimento, não é minha mãe uma mulher negra? Ó tu, que és senhor do Pentagrama, não é o ovo do espírito um ovo negro? Aqui mora terror, e a cega dor da Alma, e, vejam, mesmo eu, que sou a única luz, uma centelha fechada, permaneço no sinal de Apophis e Typhon.

Eu sou a serpente que devora o espírito do homem com o desejo de luz. Eu sou a tempestade cega na noite que envolve o mundo em desolação. Caos é meu nome, e espessa escuridão. Saiba que a escuridão da terra é avermelhada e que a escuridão do ar é cinzenta, mas a escuridão da alma é completa negritude.

O ovo do espírito é um ovo de basilisco e as portas do conhecimento são cinqüenta, que é o signo do Scorpio. Os pilares em volta do neófito são coroados de chama e a cripta dos adeptos é iluminada pela Rosa. E no abismo está o olho do falcão. Mas sobre o grande mar o Senhor do Templo não encontrará estrela nem lua.

Análise Exegética

Todo este discurso é sobre o cruzamento do abismo e a visionária entrada na *Sephirah* de *Binai*, a terceira emanação da Árvore da Vida. É atribuída ao Grande Mar, do qual toda vida emergiu, ao planeta Saturno, que é o planeta de morte, assim como de estabilidade. É ainda atribuída a *Aimah Elohim*, a mãe dos Deuses, e a Ísis também, a deusa da Natureza, a Babalon, a deusa que representa Shakti, que é a energia e júbilo criativos universais, entre muitos outros significados. Com estes indícios básicos, muito do que é cripticamente declarado na visão torna-se relativamente fácil.

Como a visão se abre com negritude, isto se torna uma declaração formal de que o vidente está no caminho certo. Todos os símbolos são harmoniosos e os caminhos de associação não estão atravancados por símbolos inapropriados.

Binah é traduzida como "conhecimento". E uma vez atribuída a Saturno e morte, um símbolo correlato seria Scorpio, que é atribuído à carta "Morte" do Tarô, geralmente significando mudança involuntária, transformação, sublimação. A letra do *Sepher Yetzirah* relativa a Scorpio é *Nun*, que significa peixe, e seu número é 50. Há as portas do conhecimento, em número de cinqüenta, todas elas de uma longa cadeia de associação, longa mas válida. Scorpio é também o basilisco. Saturno é preto, a cor do luto. Como Ísis, a grande Mãe, é atribuída a esta esfera, nós temos a declaração: "Não é minha mãe uma mulher negra?" E, como aprendemos anteriormente, o sinal de Apophis e Typhon é o sinal de destruição.

A cada uma das cinco pontas do Pentagrama é atribuído um dos cinco elementos. A estrela de cinco pontas é a forma do homem aperfeiçoado que desenvolveu todas as fases de sua personalidade representadas pelos cinco elementos. Cada um dos últimos tem seu próprio símbolo. No sistema oriental, o espírito, quintessência ou *Akasa*, é representado por um ovo preto em pé.

Binah é também representada pela correspondência da noite, a espécie de noite mais escura e negra que Crowley apresentou uma vez poeticamente como a Cidade das Pirâmides sob o N.O. ou Noite de Pan, e às vezes pelo nome de uma ex-amiga, Leila, que ele prontamente transliterou para o hebraico – daí *Laylah*, significando Noite. Dessa maneira, ele transformou uma relação pessoal em um símbolo de alta experiência espiritual. Essas atribuições são todas referentes a *Binah* ou *Shekinah* – a divina Presença da Imanência de Deus e ao Caos, o reino do não formado e não criado.

A visão como um todo relaciona-se, portanto, com *Binah* e Scorpio, com morte e renascimento, com a transformação do homem dominado pelo ego em NEMO, "não homem", porque morrendo para o eu ele se tornou identificado com o Espírito Santo de tudo quanto vive, o Eu.

O Fama Fraternitatis

Um dos antigos clássicos rosacrucianos anteriormente mencionado é o *Fama Fraternitatis*. Foi publicado pela primeira vez em Cassel, na Alemanha, e, como é natural, circulou livremente entre os místicos, alquimistas e ocultistas da época na Europa. Uma versão integral do *Fama*, juntamente com alguns dos outros clássicos rosacrucianos, é encontrada em um excelente livro intitulado *Rosicrucian Fundamentals* (Nova York, 1923), de Khei X° (o falecido George Winslow Plummer), da Societas Rosicruciana in America. No Livro *The Brotherhood of the Rosy Cross* (University Press, Nova York, *circa* 1963), de Arthur Edward Waite, é encontrada uma versão selecionada.

O *Fama* tem o propósito de contar a história do fundador da Ordem Rosacruciana, um certo Irmão C.R.C. ou Christian Rosencrutz, que se diz ter nascido em 1378. Sua educação e suas viagens são delineadas com certa extensão. Partes dessa dramática história foram extrapoladas para inclusão no ritual do Adeptus Minor da Aurora Dourada. Grande parte da exegese cabalística foi realizada com base nessa história por vários membros da Ordem em diferentes épocas. Talvez a mais facilmente acessível seja *The True and Invisible Rosicrucian Order,* escrita por Paul Foster Case. Este livro apresenta tão extraordinário detalhamento e análise das minúcias do *Fama* e outros antigos documentos rosacrucianos que o leitor talvez tenha probabilidade de ficar assoberbado pela grande riqueza e aptidão da exposição, demonstradas pelo autor. O estudante mais adiantado verá nele um útil livro-fonte, sobre o qual pode construir, por seu próprio conhecimento expandido dos métodos aqui relatados e por suas próprias meditações.

Seleciono um ou dois nomes do *Fama* para indicar como eles podem ser elucidados por meio da Qabalah de número e símbolo. Por exemplo, a história conta que C.R.C. fez uma barganha com os árabes para que o levassem a Damcar. Alguns dos comentaristas antigos sugeriram que se tratava de Damasco. Mas, como a lenda é simbólica, esses nomes precisam ser interpretados simbolicamente.

Se transliterarmos Damcar para o hebraico, seguindo nossas regras anteriores, teremos duas palavras: *dam* (*Daleth* e *Mem*), que significa sangue, e *car* (*Caph* e *Resh*), que significa cordeiro. O nome do lugar transforma-se, portanto, em um símbolo do "Sangue do Cordeiro". Naturalmente, os rosacrucianos eram cristãos e cristãos da Reforma. Mas, sendo místicos, interpretavam o corpo de conhecimento cristão tradicional de maneira simbólica. Assim, "O Sangue do Cordeiro que tira os pecados do mundo" necessariamente era tomado simbolicamente por eles.

O Cordeiro é *Agni* das Escrituras Hindus, símbolo do fogo sacrificial, e naturalmente no Ocidente é Cristo. Como está indicado no ensaio sobre meditação (capítulo 3), presume-se que meditação é acompanhada de outro trabalho oculto que consegue alterar a química do sangue, que por sua vez muda a função normal do córtex cerebral. O resultado é que, com a cessação da atividade cerebral ou cortical, pode ocorrer iluminação. Quer isto dizer que o ego é eclipsado e o Adepto no decorrer daquele tempo se torna ou percebe que se torna um veículo para o espírito divino, o Cordeiro de Deus.

O templo de Damcar onde C.R.C. foi levado pelos árabes, que naquele tempo eram os repositórios do conhecimento antigo, é assim o próprio Adcpto, scu próprio organismo. Pois não nos foi dito que o corpo é o templo do Espírito Santo? Assim sugere-se que os árabes que o levaram a Damcar iniciaram-no em alguns dos segredos de ocultismo prático, de modo que ele se tornou um veículo para a transmissão das forças dos planos espirituais superiores.

Mas, vejamos a Gematria dessas duas palavras:

Dam	=	*Daleth* + *Mem* e *Car*	=	*Caph* + *Resh*
		4 + 40 = 44		20 + 200 = 220

Podemos tomar as palavras separadamente e depois juntas. Por exemplo, dam (44), que significa sangue, equipara-se a palavras correspondentes a carneiro (*telah*), flama (*lehat*) e tristeza (*agam*). Esses vocábulos são tirados do *Sepher Sephiroth*, que tem várias palavras tabuladas sob números específicos. Um pouco de meditação por parte do estudante permitir-lhe-á integrar essas palavras juntas sob a égide do significado exegético primário de "O Sangue do Cordeiro".

A palavra *car* (220), significando cordeiro, equipara-se a *Baher* (o Eleito), bem como a uma das palavras do Velho Testamento, *nephilim* (que signfica gigantes). O estudante não deve encontrar muita dificuldade para relacionar essas palavras com nosso termo básico.

Por outro lado, se tomarmos Damcar com o número 264, encontraremos no *Sepher Sephiroth* palavras como *chekokim*, que significa ocos ou cavidades, e *rehotim*, que significa canais, cochos ou canos. Estas duas últimas palavras foram originariamente usadas em relação com as dez *Sephiroth* da Árvore da Vida, sugerindo que eram cavidades ou canais através dos quais fluía *Mezla*, a vida e espírito divinos.

Uma manipulação final revela um pouco mais. 2 + 6 + 4 = 12. Já tratamos desse número em uma página anterior, com relação ao caminho de Gimel, a Alta Sacerdotisa do Tarô. Todas essas palavras, números e símbolos são descritivos de Damcar e meditação ampliará ainda mais o conceito.

Conclusão

Essas são algumas das abordagens usadas pelos cabalistas de muitas escolas, antigas e modernas, hebraicas e cristãs, ortodoxas, assim como o que G. S. Scholem erroneamente chamou de misticismo niilista. Alguns desses métodos parecem forçados e arbitrários. Talvez sejam. Ao mesmo tempo, porém, se tiram mesmo uma partícula de significado de textos sem isso obscuros e iluminam a escuridão de escrituras estéreis, que para alguns podem ser importantes, podemos adotar o ponto de vista simples de que eles serviram a um propósito útil.

5. A ARTE DA VERDADEIRA CURA

1

Dentro de todo homem e mulher existe uma força que dirige e controla o curso inteiro da vida. Usada apropriadamente, essa força pode curar todas as doenças e males de que a humanidade é herdeira. Toda religião sustenta esse fato. Todas as formas de curas mentais ou espirituais, não importa qual o nome por elas adotado, prometem a mesma coisa. Até mesmo a psicanálise emprega esse poder, embora indiretamente, usando o novo nome popular de *libido*. A visão crítica e compreensão que ela traz à psique descarrega tensões de várias espécies e, por meio dessa descarga, o poder curativo latente no interior e natural a todo sistema humano atua mais livremente. Cada um daqueles sistemas propõe-se a ensinar a seus adeptos métodos técnicos de pensamento, contemplação ou oração, os quais, de acordo com os termos apriorísticos de sua própria filosofia, renovarão os corpos e transformarão todo o ambiente da pessoa.

Nenhum ou poucos deles, porém, cumprem de maneira completa a alta promessa feita no início. Parece haver pouco conhecimento dos meios práticos pelos quais as forças espirituais que sustentam o universo e impregnam toda a natureza do homem podem ser utilizadas e dirigidas para a criação de um novo céu e uma nova terra. Naturalmente, sem cooperação universal, tal ideal é impossível para toda a humanidade. Ainda assim, cada um por si próprio pode começar a tarefa de reconstrução.

A questão crucial, portanto, é esta: Como podemos tornar-nos conscientes dessa força? Qual é sua natureza e suas propriedades? Qual é o mecanismo pelo qual podemos utilizá-las?

Correntes Não Utilizadas

Como eu disse antes, diferentes sistemas desenvolveram processos muito diferentes pelos quais o estudante poderia adivinhar a presença daquele poder. Meditação, oração, invocação, exaltação emocional a pedidos feitos ao acaso ao universo ou à Mente Universal são alguns dos métodos. Em última instância, se ignorarmos pequenos detalhes de natureza trivial, todos têm isso em comum. Mas voltando o poder penetrante da mente para dentro de nós mesmos e exaltando o sistema emocional até certo ponto, podemos tomar consciência de correntes de força anteriormente não suspeitadas. Correntes quase elétricas em sua sensação interior, curativas e integradoras em seu efeito.

O emprego voluntário de tal força é capaz de dar saúde ao corpo e à mente. Quando dirigida, ela atua como um ímã. Quero com isso dizer que ela atrai para quem emprega esses métodos exatamente aqueles artigos essenciais à vida, material ou espiritual, de que a pessoa urgentemente precisa ou que são necessários para sua maior evolução.

Fundamentalmente, a idéia básica dos sistemas de cura mental é a seguinte. Na atmosfera ambiente, que envolve e impregna a estrutura de cada minúscula célula do corpo, existe uma força espiritual. Esta força é onipresente e infinita. Está presente no objeto mais infinitesimal, assim como na nebulosa ou universo insular de proporções mais estonteantes. Esta força é a própria vida. Nada na vasta extensão do espaço está morto. Tudo pulsa com vida vibrante. Até mesmo as partículas micro-microscópicas do átomo são vidas; de fato, elétron é uma cristalização de seu poder elétrico.

Sendo essa força vital infinita, segue-se que o homem deve ser saturado – impregnado até o máximo de força espiritual. Ela constitui seu eu superior, é seu elo com a divindade, é Deus no homem. Toda molécula no sistema físico do homem deve ser impregnada com essa energia dinâmica. Cada célula do corpo a contém em sua plenitude. Assim, nós somos colocados face a face com o enorme problema que existe por trás de toda doença, o enigmático problema do esgotamento nervoso.

Que é Fadiga?

Como *pode* haver esgotamento, se vitalidade e correntes cósmicas de força são derramadas diariamente através do homem, simplesmente saturando a mente e o corpo com seu poder? Primariamente, é porque ele oferece tanta resistência a seu fluxo através de si que se torna cansado e doente, culminando finalmente o conflito com a morte. Como pode o débil homem ser capaz de desafiar o universo? Não mais oferecer resistência e oposição à própria força que sustenta o universo e continuamente evolui nele? A complacência e confusão da perspectiva mental do homem, a covardia moral com que ele foi educado e sua falsa percepção da natureza da vida – essas são as causas da resistência ao fluxo interior do espírito. O fato de ser isso inconsciente não é obstáculo lógico à força deste argumento, como demonstraram todas as psicologias profundas. Que homem tem realmente consciência de todos os processos involuntários que se passam em seu interior? Quem tem consciência dos complicados mecanismos de seus processos mentais, daquele pelo qual seu alimento é assimilado e digerido, da circulação de seu sangue, da distribuição arterial de nutrição a todos os órgãos do corpo? Todos esses são processos puramente involuntários; em grande medida o mesmo acontece com sua resistência à vida. O homem cercou-se com uma concha cristalizada de preconceitos e fantasias mal concebidas, com uma armadura que não permite a entrada da luz de vida que existe fora.

Por que admirar que ele sofra? Por que admirar que ele esteja tão doente e impotente, tão indefeso e pobre? Por que surpreender-se se o indivíduo mediano é tão incapaz de lidar adequadamente com a vida?

Os Primeiros Dois Passos Para Saúde

O primeiro passo em direção a liberdade e saúde é a percepção consciente do vasto reservatório espiritual em que vivemos, em que nos movemos e no qual temos nosso ser. Repetido esforço intelectual para fazer disso parte integrante de nossa perspectiva mental sobre a vida rompe ou dissolve algo da dura e inflexível concha da mente. E depois vida e espírito jorram abundantemente. A saúde surge espontaneamente e nova vida começa, quando o ponto de vista passa por essa radical mudança. Ademais, parece que o ambiente atrai exatamente aquelas pessoas que podem ajudar de várias maneiras e precisamente aqueles prazeres da vida que eram tão desejados.

O segundo passo fica em direção ligeiramente diferente. Respiração regulada – um processo muito simples. Resulta necessariamente do seguinte postulado. Se vida nos cerca de todos os lados, se penetra em tudo e impregna tudo, que pode haver mais razoável do que o próprio ar que respiramos de momento a momento ser altamente carregado de vitalidade? Nossos processos de respiração nós regulamos portanto nessa conformidade. Vemos que a vida é o princípio ativo na atmosfera. Durante a prática dessa respiração rítmica em períodos fixos do dia, não devemos forçar demais a mente nem sobrecarregar a vontade. Deixamos que o ar flua para dentro enquanto contamos mentalmente muito devagar... um, dois, três, quatro. Depois exalamos contando no mesmo ritmo. É fundamental e importante manter o ritmo inicial, seja contar até quatro, dez ou qualquer outro número conveniente. Isso porque o próprio ritmo é responsável pela fácil absorção da vitalidade de fora e a aceleração do poder divino no interior.

Ritmo

Ritmo imutável é manifesto em toda parte do universo. É um processo vivo cujas partes movem-se e são governadas de acordo com leis cíclicas. Olhem o sol, as estrelas e os planetas. Todos se movem com graça comparável, com um ritmo em seus tempos inexoráveis. É só a humanidade que vagueia, em sua ignorância e autocomplacência, para fora dos ciclos divinos das coisas. Nós interferimos no processo rítmico inerente à natureza. E como pagamos caro por isso!

Portanto, ao tentar harmonizar-nos mais uma vez com o poder espiritual inteligente que funciona em todo o mecanismo da natureza, nós não copiamos cegamente, mas adotamos inteligentemente seus métodos. Faça, portanto, a respiração rítmica em certas horas fixas do dia, onde haja pouca probabilidade de perturbação. Cultive acima de tudo a arte do relaxamento. Aprenda a voltar-se para cada músculo tenso, dos pés à cabeça, enquanto fica deitado de costas na cama. Diga ao músculo para afrouxar deliberadamente sua tensão e cessar sua contração inconsciente. Pense no sangue fluindo copiosamente, por sua ordem, para cada órgão, levando vida e nutrição a toda parte, produzindo um estado de radiante saúde. Só depois de realizados esses processos preliminares é que você deve começar sua respiração rítmica, lentamente e sem pressa. Gradualmente, à medida que a mente acostuma-se à idéia, os pulmões adotarão o ritmo espontaneamente. Em poucos minutos, ele se terá tornado automático. Todo o processo torna-se então extremamente simples e agradável.

Não seria possível superestimar sua importância ou eficácia. À medida que adotam o ritmo, inalando e exalando automaticamente numa contagem medida, os pulmões comunicam-no e gradualmente estendem-no a todas as células e tecidos circundantes – da mesma forma que uma pedra jogada em um tanque emite ondas que se expandem amplamente e círculos concêntricos de movimento. Em poucos minutos, o corpo inteiro está vibrando em uníssono com esse movimento. Toda célula parece vibrar simpaticamente. E logo o organismo inteiro passa a sentir-se como se fosse uma inesgotável bateria de energia. A sensação – e *precisa* ser uma sensação – é inconfundível.

Simples, como é, o exercício não deve ser desprezado. É sobre o domínio dessa técnica muito simples que repousa o resto do sistema. Domine-a primeiro. Certifique-se de que é capaz de relaxar-se completamente e depois produzir a respiração rítmica em poucos segundos.

Centros Mentais e Espirituais

Abordo agora uma idéia fundamental e altamente significativa. É a incapacidade de perceber ou apreender inteiramente sua importância que está realmente por trás do malogro, freqüentemente observado, de muitas culturas mentais e sistemas de cura espiritual. Assim como no corpo físico há órgãos especializados para o desempenho de funções especializadas, na natureza mental e espiritual existem centros e órgãos correspondentes. Exatamente como os dentes, o estômago, o fígado e os intestinos são mecanismos desenvolvidos e planejados pela natureza para a digestão ou assimilação de alimentos, existem centros semelhantes nos outros componentes da natureza do homem.

A boca recebe o alimento. A digestão ocorre no estômago e no intestino delgado. Existe igualmente um aparelho para a rejeição dos detritos. Na natureza psíquica há também centros focais para a absorção de poder espiritual do universo exterior. Outros tornam possíveis sua distribuição e circulação. A energia dinâmica e poder que entram no homem vindos de fora não são uniformes ou iguais em ritmo vibratório. Podem ser de voltagem excessivamente alta, por assim dizer, ara serem suportadas pelo homem. No interior existe, por isso, certo aparelho psíquico pelo qual indiscriminadas correntes cósmicas de energia podem ser assimiladas e digeridas, sendo assim sua voltagem reduzida ou ajustada ao nível humano. O processo de tornar-se consciente desse aparelho psíquico e usar a energia por ele gerada é parte integrante deste sistema de cura.

Meu argumento é que oração e métodos contemplativos empregam inconscientemente aqueles centros interiores. Conseqüentemente, seria mais sábio e muito mais eficiente empregar deliberadamente para nossos próprios fins esse poder espiritual e os centros através dos quais ele flui. Chamemos estes últimos, por enquanto, órgãos psico-estruturais, dos quais há cinco principais. Como precisamos dar-lhes nomes, visto que a mente humana adora classificar e tabular coisas, vamos dar-lhes os títulos menos comprometedores imagináveis para que nenhum sistema de preconceito possa ser erguido sobre eles. Por motivos de conveniência, ao primeiro podemos chamar Espírito, ao segundo Ar e aos seguintes Fogo, Água e Terra.

Para ilustrar o conceito, reproduzo aqui um diagrama simples. Ele mostra a posição e localização dos centros. Nem por um momento desejo ser entendido como dizendo que esses centros são físicos quanto à natureza e posição (embora possa haver paralelismos glandulares). Existe uma parte espiritual ou psíquica mais sutil na natureza do homem. Podemos até mesmo considerá-los, não como realidades em si próprios, mas como símbolos de realidades, símbolos grandes, redentores e salvadores. Em certas condições podemos tomar consciência deles de maneira muito semelhante àquela pela qual tomamos consciência de diferentes órgãos em nosso corpo físico. Dizemos muitas vezes que a razão está situada na cabeça, atribuindo a emoção ao coração e o instinto à barriga. Igualmente, existe uma correspondência natural entre esses centros e várias partes do corpo.

Pensamento, Cor e Som

É axiomático neste sistema que existem três principais instrumentos ou meios pelos quais podemos tomar consciência desses centros, a fim de despertá-los de seu estado latente para que funcionem apropriadamente. Pensamento, cor e som são os três meios. A mente concentra-se na suposta posição desses centros, um a um. Depois certos nomes considerados vibratórios devem ser entoados e vibrados. Finalmente, cada centro é visualizado como tendo determinada cor e forma. A combinação desses três atos desperta gradualmente os centros de sua latência. Vagarosamente eles são estimulados a funcionar, cada um de acordo com sua natureza, emitindo uma corrente de energia e poder altamente espiritualizados para o corpo e para a mente. Quando, finalmente, sua operação torna-se habitual e estabilizada, o poder espiritual que eles geram pode ser dirigido pela vontade para curar vários males e doenças de natureza tanto psicológica como física. Podem ser também comunicados pela simples imposição das mãos em outra pessoa. Apenas pensando fixamente e propositadamente, a energia pode ser também comunicada de mente para mente, telepaticamente, ou transmitida através do espaço a quilômetros de distância – sem que os objetos no espaço representem interrupção ou obstáculo à sua passagem.

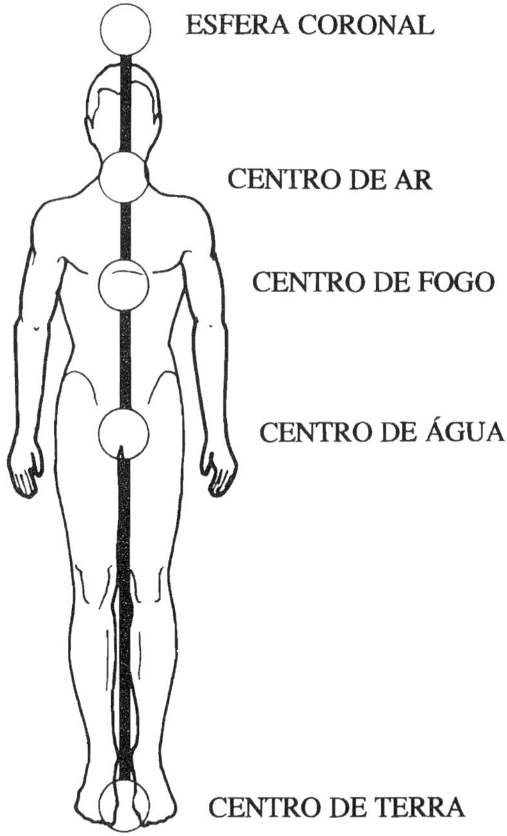

Os cinco centros

A Esfera Coronal

Antes de tudo, a posição dos centros, como é mostrada no diagrama, deve ser memorizada. Eles são estimulados à atividade com a pessoa sentada reta ou deitada de costas em estado perfeitamente relaxado. As mãos podem ficar dobradas no colo ou então, com os dedos entrelaçados, repousando soltas abaixo do plexo solar. Calma da mente deve ser induzida e vários minutos dedicados à respiração rítmica resultam na sensação de delicado movimento ondulatório sobre o diafragma.

Depois, imagine acima da região coronal da cabeça uma bola ou esfera de brilhante luz. Força resultaria apenas no desenvolvimento de tensão neuromuscular, o que anularia nosso fim. Deixe que isso seja feito de maneira calma e fácil. Se a mente vaguear, como de fato acontecerá, espere uns momentos e delicadamente leve-a de volta. Ao mesmo tempo, vibre ou entoe a palavra *Eheieh*. Depois de alguns dias de prática, tornar-se-á muito fácil imaginar o nome vibrando acima da cabeça, no chamado centro do Espírito. Esta é a divindade que reside em cada um de nós, o eu espiritual básico a que todos nós podemos recorrer. *Eheieh* significa literalmente EU SOU e este centro representa a consciência interior de EU SOU.

O efeito desse direcionamento mental da vibração é despertar o centro para atividade dinâmica. Assim que ele começa a vibrar e girar, sente-se luz e energia emanarem para baixo sobre a personalidade e para dentro dela. Enormes cargas de poder espiritual abrem caminho até o interior do cérebro e todo o corpo sente-se cheio de vitalidade e vida. Até mesmo as pontas dos dedos das mãos e dos dedos dos pés reagem ao despertar da esfera coronal com uma fraca sensação de formigamento, sentida inicialmente. O nome deve ser entoado durante as primeiras semanas de prática em tom de voz moderadamente audível e sonoro. Quando é adquirida aptidão, a vibração pode ser praticada em silêncio, sendo o nome imaginado e mentalmente colocado no centro. Se a mente tender a vaguear, a freqüente repetição da vibração será de grande ajuda para concentração.

O Centro de Ar

Tendo deixado a mente descansar por uns cinco minutos, quando ela parecerá brilhar e cintilar, imagine que ela emite um raio branco para baixo, através do crânio e do cérebro, parando na garganta. Ali o raio se expande de modo a formar uma segunda bola de luz, que deve incluir grande parte do rosto até as sobrancelhas, com estas incluídas. Se a laringe é concebida como centro da esfera, a distância entre ela e a vértebra cervical na nuca será aproximadamente o raio da esfera. Naturalmente esta dimensão varia em diferentes pessoas. Com esta esfera, que chamamos centro de Ar, deve ser seguida uma técnica semelhante à que foi usada na anterior. Deve ser forte e vividamente formulada como uma esfera cintilante de brilhante luz branca, reluzindo e resplandecendo a partir de dentro. O nome a ser vibrado é *Jehovah Elohim*.

Uma ou duas palavras não devem faltar neste ponto a respeito dos nomes. Na realidade são nomes inscritos em várias partes do Velho Testamento de Deus. A variedade e variação desses nomes são atribuídas a funções divinas diferentes, quando atuando de certa maneira. Ele é descrito pelos escribas bíblicos por um único nome. Quando está fazendo alguma coisa, outro nome mais apropriado à Sua ação é empregado. O sistema que estou descrevendo agora tem suas raízes na tradição mística hebraica. Seus antigos inovadores eram homens de exaltadas aspirações religiosas e gênio. Só se poderia esperar que uma tendência religiosa fosse projetada por eles neste sistema psicológico científico. Mas deve-se explicar que para nossos propósitos atuais nenhuma conotação religiosa é implicada pelo uso desses nomes divinos bíblicos. Qualquer um pode usá-los sem aderir de maneira alguma aos antigos pontos de vista religiosos – seja ele judeu, cristão, hindu, budista ou ateu. Trata-se de um sistema puramente empírico que é bem sucedido apesar do ceticismo ou fé do operador. Hoje podemos considerar esses nomes sagrados sob luz inteiramente diferente e prática. São notas tônicas de diferentes componentes da natureza do homem, portas para muitos níveis daquela parte da psique de que normalmente não temos consciência. São graus vibratórios ou sinais simbólicos dos centros psicofísicos que estamos descrevendo. Seu emprego como notas-chave vibratórias desperta para atividade os centros com que seu grau está em simpatia, transmitindo a nossa consciência algum reconhecimento dos vários níveis do lado espiritual inconsciente de nossa personalidade. Daí por que a efetiva significação religiosa não nos interessa. Nem sua tradução literal.

Voltando ao centro de Ar na garganta, deixe que os sons vibratórios sejam entoados numerosas vezes, até sua existência ser reconhecida e claramente sentida como uma experiência sensória definida. Não pode haver engano quanto à sensação de seu despertar. Na formulação deste e dos centros seguintes deve ser gasto mais ou menos o mesmo tempo que foi dedicado à contemplação da esfera coronal. Transcorrido esse período, deixe que ele lance de si para baixo, com a ajuda da imaginação, um raio de luz.

O Centro de Fogo

Descendo da região do plexo solar, logo abaixo do esterno ou osso peitoral, o raio expande-se mais uma vez para formar uma terceira esfera. Esta é a posição do centro de Fogo. A atribuição de fogo a este centro é particularmente apropriada, pois o coração é notoriamente associado à natureza emocional, ao amor e aos sentimentos mais elevados. Não falamos com freqüência em paixão ardente, chama de amor e assim por diante? O diâmetro desta esfera cardíaca ambiente deve ser de molde a estender-se da frente do corpo até as costas. Aqui vibra o nome *Jehovah Eloah ve-Daas*. Faça com que a entoação vibre bem dentro da esfera branca formulada. Se isso for feito, imediatamente uma radiação de calor será sentida emanando do centro, estimulando delicadamente todas as partes e órgãos à sua volta. Alguns estudantes queixaram-se de que o nome divino acima é indevidamente longo e difícil de pronunciar. Depois de alguma experiência, eu substituí a palavra hebraica pelo nome gnóstico IAO. Ambos são atraídos, cabalisticamente, à *Sephirah de Tiphareth* na Árvore da Vida e, assim, são igualmente válidos. Achei-o tão eficaz quanto o nome hebraico e, em minha própria prática de meditação, substituí permanentemente um pelo outro.

IAO deve ser pronunciado i-a-o, vagarosamente e com vigor. De fato, é mais simples vibrar esse nome do que quase qualquer outro e a vibração por ele produzida é clara e forte.

Como a mente funciona dentro e através do corpo, sendo co-extensiva com ele, as faculdades mentais e emocionais igualmente são estimuladas pelo dinâmico fluxo de energia dos centros. A barreira inabalável erguida entre a consciência e o inconsciente, uma divisória blindada que impede nossa livre expressão e prejudica o desenvolvimento espiritual, é vagarosamente dissolvida. À medida que o tempo passa e a prática continua, ela pode desaparecer completamente e a personalidade gradualmente consegue integração e integridade. Assim, saúde estende-se a toda função da mente e do corpo, seguindo-se felicidade, como bênção permanente.

O Centro de Água

Continue fazendo o raio descer do plexo solar para a região pélvica, a região dos órgãos reprodutivos. Aqui também é visualizada uma esfera radiante aproximadamente das mesmas dimensões que a mencionada acima. Aqui também um nome deve ser entoado de modo a produzir uma rápida vibração nas células e moléculas do tecido daquela região. *Shaddai El Chai* é o nome que deve ser proferido. Deve-se permitir que a mente se demore sobre a formulação imaginativa por alguns minutos, visualizando a esfera como um resplendor branco. Cada vez que a mente se desvie daquele resplendor, como certamente acontecerá no começo, faça-a voltar delicadamente por meio de repetidas e fortes vibrações do nome.

Pode-se temer que esta prática desperte ou estimule sensação e emoção sexuais desnecessariamente. Naqueles em que existe conflito sexual esta apreensão é justa e legítima. Na realidade, porém, o temor não tem fundamento. A contemplação do centro de Água como uma esfera de luz branca, ligada pelo raio aos centros superiores e mais espirituais, atua de maneira muito mais sedutora. E de fato estimulação sexual pode ser removida, não por repressão ignorante e míope, mas pela circulação de tais energias através do sistema por meio dessa prática. Um completo e amplo processo de sublimação, de efeito quase alquímico, pode ser assim provocado. Isto não deve ser entendido como legitimando a evitação do problema sexual.

O Centro da Terra

O passo final é visualizar mais uma vez o raio descendo da esfera reprodutiva, movendo-se para baixo através das coxas e pernas até chegar aos pés. Ali se expande de um ponto aproximadamente abaixo do tornozelo e forma uma quinta esfera. Demos a esta o nome de centro de Terra. Formulemos aqui exatamente como antes uma brilhante e cintilante esfera do mesmo tamanho que as outras. Vibre o nome *Adonai ha-Aretz*. Tudo usado vários minutos para despertar este centro por meio de pensamento fixo e firme, e por repetidas vibrações do nome, pare por algum tempo.

Depois, tente visualizar claramente todo o raio de luz prateada, cravejado por assim dizer com cinco magníficos diamantes de incomparável esplendor, estendendo-se desde o alto da cabeça até as solas dos pés. Alguns minutos serão suficientes para dar realidade a esse conceito, criando uma vívida percepção das poderosas forças que, atuando sobre a personalidade, são finalmente assimiladas no sistema psicofísico depois de sua transformação e passagem pelos centros imaginativos. A combinação de respiração rítmica com a visualização voluntária da descida do poder através do raio de luz ou Coluna do Meio, como é também chamado, produz os melhores resultados.

Correspondências de Cor

À medida que sejam adquiridas aptidão e familiaridade na formulação dos centros, pode ser feito um acréscimo à técnica. Anteriormente eu observei que cor era uma consideração muito importante no que se referia a esta técnica. Cada centro tem uma atribuição de cor diferente, embora seja mais prudente durante um longo período de tempo abster-se de usar qualquer outra cor além do branco. Ao centro do Espírito ou coronal é atribuída a cor branca. É a cor da pureza, espírito, divindade, etc. Representa, não tanto um componente humano, quanto um princípio universal e cósmico protegendo toda a humanidade. Contudo, à medida que descemos o raio de luz, as cores mudam. Cor de alfazema é atribuída ao centro de Ar ou garganta e representa particularmente as faculdades mentais — consciência humana como tal.

Ao centro de Fogo, vermelho é uma associação óbvia, não necessitando outros comentários. Azul é a cor atribuída ao centro de

Água; é a cor da paz, calma e tranqüilidade, escondendo enorme força e virilidade. Em outras palavras, sua paz é a paz de força e poder, não a inércia de mera fraqueza. Finalmente, a cor atribuída ao centro mais baixo, o de Terra, é castanho avermelhado, a rica e profunda cor da própria terra, fundação sobre a qual descansamos.

Por esse breve e conciso resumo, vê-se que cada um desses centros tem uma espécie de afinidade ou simpatia por um componente espiritual diferente. Um centro é peculiarmente simpático ou associado às emoções e sentimentos, enquanto outro tem definida tendência intelectual. Segue-se daí logicamente, e a experiência demonstra esse fato, que sua atividade e estimulação equilibradas evocam uma reação simpática de cada parte da natureza do homem. E quando a doença que se manifesta no corpo é diretamente devida a algum desajustamento ou enfermidade psíquica, a atividade do centro apropriado deve ser considerada afetada de alguma maneira deletéria. Sua estimulação por som, pensamento e cor tende a estimular o princípio psíquico correspondente e assim dispersar o desajustamento. Mais cedo ou mais tarde, é provocada fisicamente uma reação para o desaparecimento da doença e a conseqüente formação de novas células e tecidos – o aparecimento da saúde propriamente dita.

2

Abordamos outro importante estágio no desenvolvimento da técnica da Coluna do Meio. Tendo dado poder e energia espiritual ao sistema por meio dos centros psicofísicos, como poderemos usá-lo melhor? Isto quer dizer, usá-lo de maneira que toda célula individual, todo átomo e todo órgão sejam estimulados e vitalizados pela corrente dinâmica.

Para começar, lançamos a mente para cima, novamente até a esfera coronal, imaginando-a em estado de vigorosa atividade. Isto é, ela gira rapidamente, absorvendo energia espiritual do espaço à sua volta, transformando-a de tal maneira que se torna disponível para uso imediato em qualquer atividade humana. Imagine-se então que essa energia transformada flui para baixo, como uma corrente, pelo lado esquerdo da cabeça, pelo lado esquerdo do tronco e pela perna esquerda. Enquanto a corrente está descendo o ar deve ser vagarosamente exalado em ritmo conveniente. Com lenta inalação do ar, imagine que a corrente vital passa da sola do pé esquerdo para o pé direito e sobe gradualmente pelo lado direito do corpo. Dessa maneira, ela volta à fonte de onde partiu, ao centro coronal, fonte humana de toda energia e vitalidade, estabelecendo-se assim um circuito elétrico fechado. Naturalmente essa circulação é visualizada como persistindo no interior do corpo, não como se viajasse ao longo da periferia da forma física. É, por assim dizer, uma circulação psíquica interior e não puramente física.

Estimulando Circulação

Deixe que essa circulação, depois de firmemente estabelecida pela mente, flua uniformemente no ritmo da respiração durante alguns segundos, de modo que o circuito seja completado uma meia dúzia de vezes – ou mesmo mais, se você desejar. Depois, repita isso em direção ligeiramente diferente. Visualize o fluxo vital movendo-se do centro coronal acima da cabeça para a frente do rosto e do corpo. Depois de ter virado para trás, sob as solas dos pés, ele sobe pelas costas em um cinturão bastante largo de energia vibrante. Isto deve ser igualmente acompanhado da inalação e exalação de ar e ser mantido pelo menos por seis circuitos completos.

O efeito geral desses dois movimentos será estabelecer dentro e em volta da forma física uma figura oval de substância e poder em rápida circulação. Como é extremamente dinâmica e cinética, a energia espiritual envolvida nesta técnica irradia-se em todas as direções, espalhando-se para fora até apreciável distância. É esta radiação que forma, colore e informa a esfera oval de sensação, que não é coincidente com a forma ou as dimensões da estrutura física. Percepção e experiências gerais mostram que a esfera de luminosidade e magnetismo estende-se para fora até uma distância mais ou menos igual ao comprimento do braço estendido. E é dentro dessa aura, como a chamamos, que o homem físico existe, mais ou menos como o miolo dentro de uma noz. Circular a força admitida no sistema pelos exercícios mentais indicados é comparável a carregá-lo em todas as partes de sua natureza com grau considerável de vida e energia. Naturalmente isto exerce considerável influência, no que se refere à saúde geral, sobre o núcleo interior.

O método final de circulação assemelha-se à ação de uma fonte. Assim como a água é forçada ou puxada através de um cano até jorrar para cima, caindo em borrifos de todos os lados, o mesmo faz o poder dirigido por essa última circulação. Lance a mente para baixo até o centro da Terra, imaginando-o como culminação de todos os outros, receptáculo de todo poder, depósito e terminal da força vital que entra. Depois imagine que este poder sobe, ou é puxado ou sugado para cima pela atração magnética do centro do Espírito acima da cabeça. O poder sobe pelo raio e depois cai dentro dos limites da aura oval. Quando desce para os pés, é novamente juntado e concentrado no centro de Terra como preparação para ser mais uma vez empurrado para cima ao longo do raio. Como antes a circulação de fonte deve acompanhar um ritmo definido de inalação e exalação. Por esse meio, a força curativa é distribuída a todas as partes do corpo. Nem um único átomo ou célula em qualquer órgão ou membro é omitido da influência de seu poder regenerativo curativo.

Completada a circulação, pode-se permitir que a mente demore na idéia da esfera de luz, espiritual e de qualidade curativa, que cerca todo o corpo. A visualização deve ser tornada a mais vívida e poderosa possível. A sensação, que se segue à formulação parcial ou completa da aura, da maneira descrita, é tão acentuada e definida a ponto de ser quase inconfundível. Em primeiro lugar, é marcada por extrema impressão de calma, vitalidade e estabilidade, como se a mente estivesse plácida e quieta. O corpo, completamente em repouso em estado de relaxamento, sente-se em todas as suas partes completamente carregado e impregnado pela vibrante corrente de vida. A pele em todo o corpo apresenta sintomas, causados pela intensificação de vida no interior, de delicado formigamento e calor. Os olhos tornam-se claros e brilhantes, a pele assume brilho fresco e saudável, e todas as faculdades mentais, emocionais e físicas, são intensificadas em grau considerável.

Focalizando Energia

Este é o momento em que, se houve alguma perturbação funcional em qualquer órgão ou membro, a atenção deve ser dirigida e focalizada naquela parte. O resultado desse foco de atenção dirige um fluxo de energia muito acima do equilíbrio geral que acaba de ser estabelecido. O órgão doente é banhado por um mar de luz e poder. Tecidos e células doentes, sob o estímulo de tal poder, são gradualmente decompostos e ejetados da esfera pessoal. A corrente sangüínea revitalizada é então capaz de mandar para aquele local nova nutrição e nova vida, para que possam ser facilmente formados novos tecidos, fibras, células, etc. Dessa maneira, a saúde é restabelecida pela persistente concentração de poder divino naquele local. Mantida durante alguns dias no caso de doenças superficiais e durante meses no caso de males crônicos e graves, todos os sintomas podem ser eliminados, sem que outros ocupem seu lugar. Não é supressão de sintomas. Eliminação é o resultado desses métodos. Até mesmo manifestações psicogênicas podem ser assim curadas. Isso porque as correntes de força vêm das camadas mais profundas do inconsciente, onde essas psiconeuroses têm sua origem e onde elas prendem a energia nervosa, impedindo a expressão espontânea e livre da psique. O crescimento da libido, como essa força vital é chamada em círculos psicológicos, dissolve as cristalizações e barreiras blindadas que dividem as várias camadas da função psíquica.

Quando doença orgânica é o problema a ser atacado, o processo seguido é ligeiramente diferente. (A pessoa deve continuar sob os cuidados de um médico competente.) Neste caso, é necessária uma corrente de força consideravelmente mais potente, capaz de dissolver a lesão e suficiente para pôr em ação as atividades sistêmicas e metabólicas a fim de formar novo tecido e estrutura celular. Para obter essas condições em um sentido ideal, pode ser necessária uma segunda pessoa, a fim de que sua vitalidade juntada àquela do doente possa superar a condição. Uma técnica útil, que minha experiência demonstrou ser supremamente bem sucedida e que qualquer estudante pode adotar, é em primeiro lugar relaxar completamente todos os tecidos no corpo inteiro antes de tentar a técnica da Coluna do Meio. O paciente é colocado em estado altamente relaxado, no qual toda tensão neuromuscular tenha sido testada e levada à sua atenção. Consciência é então capaz de eliminar tensão e produzir um estado relaxado do músculo ou membro afetado. Encontrei uma preliminar útil na prática de manipulação e massagem espinhais, pois com isso é produzido um aumento na circulação do sangue e da linfa – o que, do ponto de vista fisiológico, é meia batalha vencida. Obtido grau adequado de relaxamento, os pés do paciente são cruzados sobre os tornozelos e os dedos das mãos entrelaçados, repousando levemente sobre o plexo solar. O operador ou curador senta-se então do lado direito da pessoa, se o paciente for destro, e do lado esquerdo, se for canhoto. Colocando delicadamente a mão direita sobre o plexo solar do paciente, por baixo de suas mãos entrelaçadas, e a mão esquerda sobre a cabeça do paciente, é estabelecida imediatamente uma forma de *rapport*. Em poucos minutos forma-se uma livre circulação de magnetismo e vitalidade, prontamente percebida tanto pelo paciente quanto pelo curador.

A atitude do paciente deve ser de absoluta receptividade para essa força que entra – automática, se ele tiver inabalável confiança e fé na integridade e capacidade do operador. Silêncio e tranqüilidade devem ser mantidos por algum tempo, após o que o operador executa silenciosamente a prática da Coluna do Meio, mantendo ainda seu contato físico com o paciente. Seus centros espirituais despertados atuam sobre o paciente por simpatia. Despertar semelhante é introduzido na esfera do paciente e os centros dele começam finalmente a atuar e lançar em seu sistema uma corrente equilibrada de energia. Mesmo quando o operador não vibra os nomes divinos audivelmente, o poder que flui através de seus dedos estabelece uma atividade que certamente produzirá algum grau de atividade curativa dentro do paciente. Seus centros psico-espirituais são despertados para a ativa assimilação e projeção de fora, de modo que, sem qualquer esforço consciente de sua parte, sua esfera é invadida pelo poder divino de cura e vida.

Quando chega ao estágio de circulação, o operador emprega de tal modo sua faculdade visualizadora, verdadeiro poder mágico, que as correntes aumentadas de energia fluem, não só através de sua própria esfera, mas também através daquela do paciente. A natureza desse *rapport* começa agora a passar por sutil mudança. Enquanto antes existia estreita simpatia e harmoniosa disposição de espírito, mantidas mutuamente, durante e depois da circulação há uma efetiva união e intermistura dos dois campos de energia. Eles se unem para formar uma única esfera contínua, à medida que prossegue o intercâmbio e transferência de energia vital. Assim, o operador, ou sua psique inconsciente ou eu espiritual, é capaz de adivinhar exatamente que potencial deve ter sua corrente projetada e precisamente para onde ela deve ser dirigida.

Vários desses tratamentos, que incluem a cooperação e treinamento do paciente no emprego de métodos mentais, devem certamente contribuir muito para aliviar o estado original. Ocasionalmente, pois deve ser sobretudo evitado o fanatismo, métodos médicos e manipulativos podem ser combinados utilmente com os métodos mentais descritos, a fim de facilitar e apressar a cura.

Embora eu tenha dado ênfase à cura de males físicos no que disse acima, não se pode deixar de insistir muito que esse método é conveniente para aplicação a uma legião de outros problemas. Esta descrição de técnica será considerada adequada para todas as situações que possam apresentar-se ao estudante, seja um problema de pobreza, desenvolvimento de caráter, dificuldades sociais ou conjugais – enfim, qualquer outro tipo de problema que se possa imaginar.

Recapitulação: As Preliminares

Repetição é muitas vezes inestimável tanto para ensinar quanto para aprender novos assuntos. Assim, uma recapitulação dos vários processos envolvidos na prática da Coluna do Meio ajudará a esclarecer algumas das questões. E eu gostaria de acrescentar mais uma consideração que contribuirá para tornar todo o método mais eficaz, elevando-a a um plano mais alto de compreensão e realização espiritual. Este passo final tornará o estudante capaz de pôr em ação fatores dinâmicos dentro da psique humana, que ajudarão a produzir o resultado desejado.

O primeiro passo, como vimos, é um exercício psicofísico. O estudante deve aprender a relaxar-se, a soltar as garras crônicas de tensões neuromusculares existentes em seu corpo. Toda tensão involuntária em qualquer grupo de músculos ou tecidos de qualquer área do corpo deve ser colocada dentro do alcance da percepção consciente. Percepção é a chave mágica por meio da qual tal tensão pode ser dissolvida. Para isso é preciso só um pouco de prática e é muito fácil obter a aptidão necessária. A conclusão importante que se segue à relaxação física é que a própria mente, em todos os seus departamentos e ramificações, passa por relação semelhante.

Tensão psíquica e inflexibilidade somática são as grandes barreiras à percepção da onipresença do corpo de Deus. Impedem efetivamente que a pessoa se torne cônscia da presença permanente da força vital, da dependência da mente e mesmo sua identidade final com a Mente Universal, o Inconsciente Coletivo. Com as pequenas barreiras da mente eliminadas e a vida fluindo através de sua extensa organização, quase imediatamente nos tornamos conscientes do princípio dinâmico que penetra e impregna todas as coisas. Este passo é sem dúvida a fase importantíssima na aplicação das técnicas psico-espirituais.

Tendo tomado conhecimento do precedente, o processo lógico é despertar os centros espirituais interiores, que podem manipular, por assim dizer, esse poder de alta voltagem e transformá-lo em qualidade humana utilizável. Possivelmente a maneira mais fácil de conceber isso é equiparar a parte humana do homem a um receptor de rádio. O aparelho precisa primeiro ser ligado com energia das pilhas ou do circuito elétrico para que possa funcionar. Com a energia fluindo através dele, o resto do complicado mecanismo de fiação, transformadores, condensadores, válvulas e antenas é capaz de entrar em funcionamento. O mesmo acontece com o homem. Nós podemos sintonizar-nos com o Infinito mais prontamente através do mecanismo que acende as válvulas de rádio dos centros interiores, as válvulas de rádio do próprio homem. Depois que o aparelho de rádio está em funcionamento, a corrente divina pode ser circulada através dele de várias maneiras, até corpo e mente se tornarem poderosamente vitalizados e fortalecidos por energia espiritual.

Mas tudo isso é meramente preparatório. O aparelho de rádio pode ser ligado, com os condensadores, transformadores e antenas em prefeito funcionamento – mas que queremos fazer com ele? Aqui também, precisamos de dinheiro, estamos doentes, ou temos traçados morais ou mentais indesejáveis – e tantas outras coisas. Precisamos elevar nossas mentes, na utilização da energia espiritual, de modo que o desejo de nosso coração se realize automaticamente, praticamente sem esforço algum. É preciso ter firmemente em mente o desejo, o anseio do coração, a meta a ser atingida, vitalizado por poder divino, mas impulsionado para o universo pela ardente intensidade de toda exaltação emocional de que sejamos capazes. Oração é, portanto, indispensável. Oração, não meramente petição a algum Deus fora do universo, mas oração concebida como estímulo espiritual e emocional calculado para produzir uma identificação com nossa própria Divindade ou a percepção dela. Oração, sinceramente feita, mobiliza todas as qualidades do eu, e o fervor interior que ela desperta reforça o trabalho feito anteriormente. Neste caso, o sucesso vem, não por causa do esforço humano da pessoa, mas porque Deus produz o resultado. O fervor e a exaltação emocional permitem-nos perceber a divindade interior, que é o fator espiritual que leva à imediata e completa realização de nosso desejo.

Mas eu duvido que oração da variedade calma e sem emoção tenha qualquer valor aqui. Esse peticionamento a sangue frio não encontra lugar dentro das concepções superiores de realização espiritual. Um antigo metafísico disse certa vez: "Inflama-te com oração." Aqui está o segredo. Precisamos orar de modo que todo o nosso ser se inflame com uma intensidade espiritual a que nada pode resistir. Todas as ilusões e todas as limitações desaparecem inteiramente diante desse fervor. Quando a alma literalmente arde, a identidade espiritual com Deus é alcançada. Então o desejo do coração é realizado sem esforço – porque Deus o faz. O desejo torna-se um fato – um fato objetivo, fenomenal, que pode ser visto por todos.

Que orações devem ser então empregadas para elevar a mente até essa intensidade, para despertar o fervor emocional sobre o qual se disse: "Inflama-te em oração"? Entendo que este problema cada um precisa resolver por si mesmo. Todo homem e toda mulher tem alguma idéia sobre religião, que, quando mantida, inflama-lo-á para realização interior. Algumas pessoas usarão um poema que sempre teve o efeito de exaltá-las. Outras utilizarão o Padre Nosso ou talvez o Salmo 23. E todos os outros tipos possíveis. Quanto a mim, prefiro o emprego de alguns hinos arcaicos conhecidos como invocações, mas que não deixam de ser orações, e que certamente têm sobre mim o desejado efeito de despertar o potencial emocional necessário. Na esperança de que possam ser úteis a outros, apresento aqui um par de fragmentos, sendo o primeiro composto de versículos de várias escrituras:

> Eu sou a Ressurreição e a Vida. Quem crê em mim, embora esteja morto, viverá e quem vive e crê em mim terá vida eterna. Eu sou o Primeiro e eu sou o Último. Eu sou aquele que viveu e que foi morto – mas, vejam! eu estou vivo para sempre e tenho as chaves do inferno e da morte. Pois eu sei que meu Redentor viveu e que ele se erguerá no último dia sobre a terra. Eu sou o Caminho, a Verdade e a Vida. Nenhum homem chega ao Pai senão através de mim. Eu sou o Purificado. Eu passei pelas portas da escuridão até a Luz. Eu lutei sobre a terra pelo bem. Eu terminei meu trabalho. Eu entrei no invisível.
>
> Eu sou o sol em sua ascensão, depois de passar pela hora de nuvem e de noite. Eu sou Amoun, o Oculto, o abridor do dia. Eu sou Osíris Omnophris, o Justificado, o Senhor da Vida, triunfante sobre a morte. Não há parte de mim que *não* seja de Deus. Eu sou o Preparador do Caminho, o Salvador para a Luz. Que a Luz Branca do Espírito Divino Desça.

O segundo fragmento é bem diferente do transcrito acima, embora ambos tenham efeito pessoal semelhante quando repetidos vagarosamente, meditados e sentidos intensamente. Esta segunda oração consiste em duas partes – sendo a primeira uma espécie de petição ao eu divino superior, enquanto a segunda parte fala da realização da identidade com ele.

> Eu invoco a ti, Não Nascido. A ti que criaste a Terra e o Céu. A ti que criaste a Noite e o Dia. A ti que criaste as Trevas e a Luz. Tu és Homem Tornado Perfeito, a quem nenhum homem jamais viu. Tu és Deus e verdadeiro Deus. Tu distinguiste entre o Justo e o Injusto. Tu fizeste a fêmea e o macho. Tu produziste a semente e o fruto. Tu formaste homens para amar uns aos outros e para odiar uns aos outros. Tu produziste o úmido e o seco, e Aquilo que alimenta todas as coisas criadas.

A segunda metade só deve seguir-se depois de uma longa pausa, na qual a pessoa tenta perceber exatamente o que é afirmado pela oração e que ela está elevando a mente para apreciação da Divindade secreta interior, que é o criador de todas as coisas.

Este é o Senhor dos Deuses. É o Senhor do Universo. É Aquele que o vento teme. É aquele que tendo feito a voz por sua ordem é Senhor de todas as coisas, rei, governante e auxiliador. Ouve-me e torna todos os espíritos sujeitos a mim, para que todo espírito do firmamento e do éter, em cima da terra e embaixo da terra, sobre terra seca e dentro da água, do vento rodopiante e do impetuoso fogo, e todo encantamento e praga de Deus, o Vasto, possam ser obedientes a mim.

Eu sou Ele, o Espírito Não Nascido, que tem vista nos pés, forte e imortal Fogo. Eu sou Ele, a Verdade. Eu sou Aquele que odeia que o mal seja praticado no mundo. Eu sou Aquele que relampeja e troveja. E sou Aquele que é a chuva da Vida da Terra. Eu sou aquele cuja boca flameja sempre. Eu sou Ele, o gerador e manifestador da Luz. Eu sou Ele, a Graça do Mundo. O Coração Enlaçado pela Serpente é o meu Nome.

Esses fragmentos de orações são apenas sugeridos e devem ser usados ou rejeitados, conforme cada estudante achar conveniente. Deram resultado para mim – podem ou não dar resultado para outros estudantes, conforme o caso.

Aplicações Não-Terapêuticas

Afora terapia, existem outras aplicações para a técnica da Coluna do Meio, como eu sugeri acima. O estudante empreendedor inventará suas próprias aplicações para ela.

Pode ser por várias razões que certas coisas essenciais à vida, físicas ou espirituais, foram negadas a uma pessoa – com conseqüente efeito limitador sobre o caráter e início de um sentimento de frustração. Este último sempre tem efeito deprimente e inibitório sobre a mente humana, produzindo indecisão, ineficiência e inferioridade. Não há verdadeira necessidade da existência de indevida frustração e inibição em nossas vidas. Certa quantidade é sem dúvida inevitável. Enquanto permanecermos humanos é absolutamente certo que seremos provavelmente contrariados em nossos esforços para expressar plenamente o eu interior, experimentando assim certo grau de frustração. Mas qualquer grau anormal e persistente de sentimento de frustração pode ser enfrentado e eliminado com esses métodos mentais e espirituais.

Antes de tudo, são essenciais compreensão da vida e aceitação incondicional de tudo na vida e de toda experiência que possa surgir em nosso caminho. Com vontade compreensiva vem o amor da vida e de viver, pois amor e compreensão são a mesma coisa. Isso incentivará também a determinação de não frustrar mais processos naturais, mas, por aceitação, cooperar com a natureza. O método de cultura espiritual e mental deu durante muito tempo esperança de que essas condições inibitórias possam ser atenuadas.

Pobreza de bens materiais, assim como de idéias, é uma condição de vida que essas técnicas sempre admitiram ser suscetível de tratamento. O método costumeiro consiste em profunda e prolongada reflexão exatamente sobre o estímulo mental, a qualidade moral ou a coisa material desejada, de modo que a idéia da necessidade afunde na chamada mente subconsciente. Se as barreiras que levam ao subconsciente foram penetradas, de modo que ele aceite a idéia da necessidade, então, mais cedo ou mais tarde, a vida atrairá inevitavelmente uma daquelas coisas necessitadas. Mas, como acontece com todos os métodos terapêuticos, existem muitos casos nos quais, apesar de fiel obediência às técnicas prescritas, não é obtido sucesso. Sustento, portanto, que falham exatamente pela mesma razão por que falham seus esforços de cura. Em suma, é porque não há verdadeira compreensão dos mecanismos psicodinâmicos interiores, pelos quais podem ser produzidos tais efeitos. Não há apreciação dos métodos pelos quais a natureza dinâmica do inconsciente pode ser estimulada, para que a personalidade humana se transforme em um poderoso ímã, atraindo em sua direção tudo quanto ela deseja realmente ou é necessário a seu bem-estar.

Se este processo é moralmente defensável é questão que não desejo discutir demoradamente, embora saiba que será levantada. Mas a resposta é breve. Todas as faculdades que temos destinam-se a ser usadas, e usadas tanto em nossa vantagem quanto na de outros. Se permanecemos em estado de constante atrito mental, frustração emocional e pobreza excessiva, não vejo como podemos prestar serviço a nós próprios ou a nossos semelhantes. Eliminemos primeiro essas restrições, melhoremos as faculdades mentais e emocionais, de modo que a natureza espiritual seja capaz de penetrar através da personalidade e manifestar-se de maneiras práticas, e estaremos então em condição de prestar algum serviço àqueles com os quais entrarmos em contato. A estimulação preliminar dos centros psico-espirituais e depois a formulação clara e vívida dos pedidos ao universo são capazes de atrair qualquer coisa necessária, desde que, naturalmente, ela exista dentro dos limites da razão e da possibilidade.

Usando a Estrutura Astrológica

Antes de tudo, permitam-me prefaciar minhas próximas observações declarando que, do ponto de vista prático, os rudimentos do esquema astrológico são de indizível valor por oferecerem uma classificação concisa das grandes divisões de coisas. Não estou aqui interessado pela astrologia como tal, simplesmente acho que é conveniente usar seu esquema. Suas raízes estão nas sete principais idéias ou planetas, aos quais a maioria das idéias e coisas podem ser atribuídas. A cada uma dessas idéias-raízes é atribuída uma cor positiva e outra negativa, e um nome divino para o propósito de vibração. Proponho-me indicar os planetas com suas principais atribuições da seguinte maneira:

Saturno. Pessoas idosas e planos antigos. Dívidas e seu pagamento. Agricultura, imóveis, morte, testamentos, estabilidade, inércia. Cor positiva, índigo; negativa, preto. *Jehovah Elo-him*.

Júpiter. Abundância, fartura, crescimento, expansão, generosidade. Espiritualidade, visões, sonhos, viagens longas. Banqueiros, credores, devedores, jogo. Cor positiva, roxo; negativa, azul. *El*.

Marte. Energia, pressa, ira, construção e destruição (de acordo com a aplicação), perigo, cirurgia. Vitalidade e magnetismo. Força de vontade. Cores positiva e negativa, vermelho brilhante. *Elohim Gibor*.

Sol. Superiores, empregadores, executivos, autoridades. Poder e sucesso. Vida, dinheiro, crescimento de toda espécie. Iluminação, imaginação, poder mental. Saúde. Cor positiva, laranja; negativa, amarelo e dourado. *Jehovah Eloah ve-Daas*.

Vênus. Atividades sociais, afeições e emoções, mulheres, pessoas mais jovens. Todos os prazeres e as artes, música, beleza, extravagância, luxo, sensualidade. Cores positiva e negativa, verde esmeralda. *Jehovah Tzavoos*.

Mercúrio. Negócios comerciais, escrita, contratos, julgamentos e viagens curtas. Compra, venda, troca. Vizinhos, fornecimento e recebimento de informação. Capacidades literárias e amigos intelectuais. Livros, jornais, papéis. Cor positiva, amarelo; negativa, laranja. *Elohim Tzavoos*.

Lua. Público geral, mulheres. Reações dos sentidos. Viagens curtas e remoções. Mudanças e flutuações. A personalidade. Cor positiva, azul; negativa, marrom avermelhado. *Shah-dai El Chai*.

São essas resumidamente as atribuições dos planetas, sob os quais podem ser classificadas quase todas as coisas e todos os assuntos da natureza. Esta classificação é extremamente útil porque simplifica enormemente nossa tarefa de desenvolvimento físico e espiritual. Talvez seja melhor se, antes de concluir, eu apresentar alguns exemplos simples e elementares para ilustrar a função e método de emprego dessas correspondências.

Usando Correspondências Astrológicas

Suponha-se que eu me dediquei a certos estudos que exigem livros que não são facilmente encontrados em livrarias. Apesar de meus pedidos, apesar de ampla publicidade e de minha disposição de pagar preços razoáveis por eles, meus esforços são inúteis. O resultado é que meus estudos ficam temporariamente parados. Esta demora atinge um ponto em que se torna excessiva e irritante. Decido então usar meus próprios métodos técnicos para pôr fim a ela. A certos intervalos determinados, preferivelmente ao despertar de manhã e antes de recolher-me para dormir à noite, pratico a respiração rítmica e a Coluna do Meio. Por esses métodos, torno disponíveis enormes quantidades de poder espiritual e transformo o inconsciente em uma poderosa bateria, pronta para projetar ou atrair poder a fim de atender à minha necessidade. Circulo isso através do sistema áurico.

Meu passo seguinte consiste em visualizar a cor negativa, ou passiva, de Mercúrio, laranja, de modo que meditar sobre ela transforme a cor áurica circundante na cor laranja. Laranja é usada porque livros, de que preciso, são atribuídos a Mercúrio e eu emprego a cor negativa porque ela tende a tornar a esfera de sensação aberta, passiva e receptiva. Depois, passo a carregar e vitalizar a esfera mediante a vibração do nome divino apropriado, vezes e vezes, até parecer a minhas percepções que todas as forças mercuriais do universo reagem à atração magnética daquela esfera. Imagino que todas as forças do universo convergem para minha esfera, atraindo para mim exatamente aqueles livros, documentos, críticas, amigos, etc., necessários para promover meu trabalho. Inevitavelmente, depois de trabalho persistente e concentrado, eu ouço amigos ou livreiros dizerem, absolutamente por acaso, segundo parece, que aqueles livros podem ser encontrados. São obtidas apresentações para as pessoas certas e, de modo geral, meu trabalho é ajudado. O resultado ocorre, porém, de maneira perfeitamente natural.

Não se deve imaginar que o emprego desses métodos contraria as conhecidas leis da natureza e que ocorrem fenômenos milagrosos. Longe disso. Nada existe neles de sobrenatural. Esses métodos são baseados no emprego de princípios psíquicos normalmente latentes dentro do homem e que todos possuem. Nenhum indivíduo é único nesse aspecto. E o emprego desses princípios psíquicos produz resultados através de canais absolutamente normais, mas insuspeitados.

Por outro lado, se eu desejo ajudar um colega que tem aspirações literárias, mas que em certa ocasião vê seu estilo emperrado e o livre fluxo de idéias inibido, devo alterar meu método só em determinado ponto. Em lugar de laranja como antes, devo visualizar a aura como amarela ou dourada, embora o nome vibratório continue o mesmo. Também, em lugar de imaginar que as forças universais têm um movimento centrípeto em direção à minha esfera, devo tentar perceber que as forças mercuriais despertadas dentro de mim pela visualização de cor e vibração estão sendo projetadas de mim para meu paciente. Se ele também ficar quieto e meditativo na mesma hora, minha ajuda tornar-se-á mais poderosa, pois ele ajudará conscientemente meus esforços com meditação semelhante. Mas não é preciso insistir nisso, pois, como mostram experiências telepáticas, a maior parte das impressões do receptor são recebidas inconscientemente. Por isso, no caso de meu paciente, sua própria psique inconsciente captará automaticamente e necessariamente a inspiração e poder que eu transmiti telepaticamente a ele em sua ausência.

O sistema combina sugestão telepática com a comunicação voluntária de poder vital. Oponho-me vigorosamente àqueles apologistas da partição, que sustentam em teoria uma das faculdades em detrimento da outra. Alguns negam sugestão ou telepatia e argumentam com excessivo entusiasmo em favor de magnetismo vital. Outros recusam categoricamente admitir a existência de magnetismo, forçando suas provas exclusivamente em favor de telepatia e sugestão. Em meu modo de ver, ambos são incorretos e dogmáticos quando insistem em que só sua idéia tem validade universal e é o único modo lógico de explicação. Igualmente, cada um deles está certo em alguns aspectos e em certo número de casos; há lugar para ambos na economia natural das coisas. Os recursos da natureza são suficientemente grandes e extensos para admitir a existência mútua de ambos os poderes e de inumeráveis outros.

Auto-Análise

O processo técnico é, como mostrei, extremamente simples – mesmo quando empregado para finalidades subjetivas. Suponha-se que de repente me venha a percepção de que, ao invés de ser uma pessoa magnânima, como imaginava ser, sou na realidade mesquinho e sovina. Naturalmente, devo submeter-me a um tratamento de psicanálise para descobrir *por que* minha natureza inicial na vida foi deformada de modo a gerar um hábito de mesquinharia. Mas esse é um tratamento longo e caro – maus argumentos, sem dúvida, contra sua necessidade. E muita coisa depende do analista e de sua relação comigo. Em lugar dele, porém, eu posso recorrer à seguinte técnica. Meus primeiros passos consistem naqueles descritos acima – respiração rítmica, o raio de luz formulado da cabeça aos pés e a circulação de força através da aura. Depois, lembrando que uma generosa perspectiva da vida e atitude em relação a ela são qualidades jupiterianas, eu me cerco de uma esfera azul celeste, ao mesmo tempo que vibro freqüentemente e poderosamente o nome divino, *El*. Se os nomes são vibrados silenciosamente ou audivelmente depende inteiramente da aptidão e familiaridade da pessoa com o sistema, mas de qualquer maneira poderosas correntes jupiterianas impregnam meu ser. Eu visualizo mesmo todas as células sendo banhadas em um oceano de azul e tento imaginar correntes invadindo minha esfera de todas as direções, de modo que todo meu pensamento e sentimento estão literalmente em termos de azul. Lentamente se segue uma sutil transformação. Isto é, se eu fui realmente sincero, desejoso de corrigir meus defeitos, e se tentei tornar-me suficientemente generoso para executar a prática fielmente e com freqüência.

Se um amigo ou paciente queixa-se de vício semelhante nele, apelando por minha ajuda, neste caso eu usaria uma cor positiva para projeção. Formularia minha esfera como uma esfera ativa, dinâmica e roxa, de cor forte e carregada, e projetaria sua generosa, curativa e fecunda influência sobre a mente e personalidade de meu amigo. Com tempo, o defeito seria corrigido para sua satisfação e assim sua natureza espiritual seria melhorada.

E assim por diante, com tudo o mais. Estou certo de que estes poucos exemplos mostraram a aplicação dos métodos.

Não basta simplesmente desejar certos resultados e esperar ociosamente por eles. De comportamento assim ocioso só pode resultar malogro. Quanquer coisa valiosa e que tenha probabilidade de acontecer exige muito trabalho e perseverança. A técnica da Coluna do Meio certamente não é exceção. Mas devoção a ela é extremamente compensadora por causa da natureza e qualidade dos resultados que se seguem. Uma vez por dia demonstrará a eficácia do método. Duas vezes por dia será muito melhor – especialmente se houver alguma doença ou dificuldade psíquica a vencer. Depois de algum tempo, o estudante que é sincero e em quem a natureza espiritual está gradualmente se desdobrando aplicará ele próprio o método, independentemente da promessa que aqui faço. Ter poder curativo, livrar-se de pobreza e preocupação, obter felicidade – tudo isso é eminentemente desejável. Mas acima de tudo está a desejabilidade de conhecer e expressar o eu espiritual interior – embora em alguns casos esse ideal dificilmente possa ser atingido antes de conseguida alguma medida de realização em outros aspectos e em outros níveis. Quando, porém, o ideal é percebido como desejável, o valor deste método será também percebido como supremamente eficaz para aquele fim.

Impressao e acabamento:

infinity

infinitygrafica.com.br/